Ruedas *del* Alma

Kabbalah Centre Publishing es una unidad de negocio registrada de Kabbalah Centre International, Inc.

Para más información:

The Kabbalah Centre
155 E. 48th St., New York, NY 10017
1062 S. Robertson Blvd., Los Ángeles, CA 90035

1.800.Kabbalah
Otros números de contacto en: es.kabbalah/ubicaciones

es.kabbalah.com

Impreso en Canadá, julio 2017

ISBN 978-1-57189-955-2

Diseño: Hyun Min Lee

Ruedas
del Alma

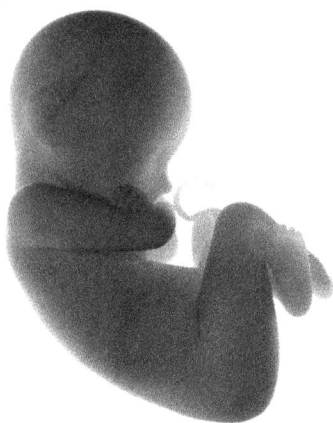

KABBALAH Y LA
REENCARNACIÓN

RAV BERG

KABBALAH
CENTRE
PUBLISHING

Índice

PARTE UNO
EL ÁMBITO DE LA REENCARNACIÓN

PARTE DOS
EXPLORACIÓN DEL MISTERIO DE LA
REENCARNACIÓN

PARTE TRES
EL PENSAMIENTO DE LA REENCARNACIÓN

PARTE CUATRO
LA EXPRESIÓN DE LA REENCARNACIÓN

PARTE CINCO
LA REENCARNACIÓN UNIVERSAL

PREFACIO

Todo el material de este libro es tan fiel al original como ha sido posible. Incluso la sección "Sobre el Centro", que describe el Centro de Kabbalah y sus actividades, así como la explicación que hace el Rav sobre el *Zóhar*, son fieles a las palabras originales del Rav. Aunque las cosas han cambiado y el Centro ha evolucionado, sentimos que era importante y relevante para el lector entender y percibir, a través de las palabras del Rav, la trayectoria histórica del Centro. Como una cápsula del tiempo que se abre décadas e incluso siglos más tarde, los pensamientos y la intención del Rav cuentan una historia que forma parte de las enseñanzas tanto como de la propia sabiduría.

Este libro fue escrito por Rav Berg hace más de cuarenta años, cuando la Kabbalah no estaba a la fácil disposición de la persona común, y el mundo y la comunidad judía en particular todavía la consideraba un estudio destinado a "los judíos y los eruditos". En aquel tiempo, los círculos religiosos judeocristianos no aceptaban en general la idea de la reencarnación. Asimismo, había un gran número de personas que se alejaban de la religión para acercarse a la espiritualidad. Algunos de los comentarios del Rav pueden parecer fuera de contexto, pues muchas de las cosas sobre las cuales el Rav discute aquí ya no son un problema. Sin embargo, es importante para el lector saber que en su época este libro fue una revolución y que el trabajo del Centro de Kabbalah, dirigido por el Rav y Karen Berg, cambió el mundo para siempre. Hoy en día, la reencarnación es un tema de conversación habitual, Kabbalah es una palabra conocida, la espiritualidad ha pasado a formar una gran parte del diálogo de la vida judeocristiana, y las personas están volviendo a una vida y un camino dentro de sus congregaciones espirituales.

INTRODUCCIÓN

Han pasado casi 20 años desde que conocí a mi Maestro, Rav Brandwein, y me dispuse a aprender el camino de la Kabbalah para quizá algún día guiar a otros en su camino. Sin embargo, para mi consternación, mi investigación sobre el delicado y fundamental tema de la reencarnación y la importancia del lugar que ocupa en la Kabbalah pronto reveló los escasos conocimientos sobre el tema que estaban a disposición del público en general.

Cuando empecé a indagar sobre el tema de la reencarnación, encontré muy poco material escrito por kabbalistas judíos contemporáneos. La mayoría del trabajo que se ha llevado a cabo sobre el tema ha sido realizado por eruditos no judíos. Pronto descubrí que cuando surgía el tema de la reencarnación entre aquellos de fe judía, me encontraba con desinterés y una negación subyacente de que la reencarnación tuviera alguna conexión con el judaísmo.

Ciertamente no se puede atribuir a la erudición judía que tanto la obra del *Zóhar* como *La puerta de las reencarnaciones* de Rav Yitsjak Luria no se hayan tomado en serio y haya tan pocas interpretaciones registradas.

Incluso cuando quise investigar sobre la reencarnación a través de conversaciones con otros eruditos judíos, me encontré con un implacable antagonismo. Afirmaban que puesto que los guardianes del judaísmo nunca habían escrito sobre la reencarnación con gran detalle, y los eruditos no judíos sí lo habían hecho, era mejor dejar el tema de lado.

Es una suprema ironía que la Kabbalah, tan antigua como el judaísmo, tenga que marchitarse en el jardín de su propio hogar sólo para florecer entre cristianos y gente de otras religiones. La esencia interna del cristianismo es kabbalística. Incluso en el islam hay una especie de Kabbalah. Estos devotos de la sabiduría no son cautelosos a la hora de compartirla, pero a pesar todo el secretismo que hubo en el pasado entre los kabbalistas judíos, la mera codicia —un anatema kabbalístico en sí misma— no basta para explicar por qué los judíos no han escrito y enseñado más públicamente.

En gran parte la razón por la cual se han mantenido ocultos los detalles de la Kabbalah puede ser que hasta la era actual simplemente no había una forma viable de enseñarla. Pues sólo cuando el conocimiento sobre la electricidad, la física básica y los principios generales de la mecánica cuántica estuvieron en posesión de la persona común, la Kabbalah ha podido enseñarse en un período de tiempo inferior a una vida.

La Kabbalah, que está tan alejada de la religión como la química o la física, ha atraído siempre el fuego hostil tanto de religiosos como de científicos. Los religiosos temían a la "blasfemia" de su lógica y los científicos temían a la metafísica que la llevaba más allá del ámbito de la ciencia actual. Sólo con la llegada de Einstein con su teoría de la relatividad y el análisis del mundo subatómico se pudo tender un puente entre el científico y el kabbalista. Y sólo con la llegada de la Era de Acuario —la Era Mesiánica— pudo cruzarse el puente entre el religioso y el kabbalista. Ahora, por primera vez, "ama a tu prójimo", el artículo de fe fundamental para judíos y cristianos por igual, puede mostrarse en una fórmula matemática.

Este primer volumen de Reencarnación será más que un simple resumen de la estructura del tema tal como se revela en algunos clásicos del misticismo judío. Estas obras antiguas son, lamentablemente, oscuras hasta el punto de ser opacas. Frecuentemente, cuando intento definir y aclarar el concepto de la reencarnación, me siento atraído por la interpretación de Rav Áshlag del *Zóhar*. Sin embargo, limitarme a anotar lo que él escribió me dejaría con una pregunta: ¿quién va a explicar la explicación de Rav Áshlag? Su explicación en efecto era ininteligible, y creo que en la época en la cual la escribió no había llegado el momento de revelar los secretos más profundos de la reencarnación.

Sin embargo, ahora toda la humanidad está entrando en la Era de Acuario: la Era Mesiánica en la cual judíos y no judíos por igual deben finalmente escribir el último capítulo de su existencia.[1] Los secretos de la Kabbalah y la reencarnación deben ser revelados, y yo en este libro trataré no sólo de resumirlos, sino también de interpretarlos y darles significado tanto para el hombre laico como el erudito.

En el proceso, este libro desafiará muchas ideas sobre la Kabbalah y la visión judía de la reencarnación, las cuales aún siguen sin ser aceptadas. Este reto, y la corrección que resulta de él, es la gran tarea de la erudición judía en nuestra generación. Nuestra generación es una de religiosos y de diáspora (exilio) social, tanto para judíos como para cristianos. Además, ha sido testigo de una disminución del número de judíos y una gran reducción de las congregaciones cristianas en todo el mundo. Creo que la culpa la tiene una creciente falta de espiritualidad en ambos credos. Sin la espiritualidad, la gente —más hambrienta que nunca de iluminación espiritual o de simple aceptación como seres humanos— está acudiendo a otras fuentes para buscar explicaciones significativas de sus propias vidas y las vidas de sus familiares y amigos. Lamentablemente, aquellos a quienes acuden a menudo carecen de información o erudición basada en publicaciones altamente expertas que contengan gran parte de la información sobre la reencarnación.

Las fuentes a las que me refiero son, por supuesto, el *Zóhar* y *La puerta de las reencarnaciones* de Rav Yitsjak Luria, a las cuales recurriré extensamente en este libro.

La tarea de presentar este material, con el propósito de enfatizar un conocimiento más profundo sobre la interacción de las fuerzas religiosas y sociales implicadas en el estudio de la reencarnación, producirá algunas ideas que inicialmente pueden parecer extrañas o desconocidas. No obstante, si voy a lograr hacer una seria contribución a este importante tema y una discusión tan necesaria, debo incluirlas. Intentaré hacer que esta sabiduría sea tan clara y concisa como sea posible.

Un libro sobre la reencarnación debe primero plantear y responder a tres preguntas:
1) ¿Qué es la reencarnación?
2) ¿Dónde pueden encontrarse argumentos que validen la reencarnación en la Biblia?
3) ¿Cómo puede uno reconocer su propia reencarnación?

Al responder estas preguntas, y otra multitud de preguntas que éstas inspirarán, no estaré diciendo nada nuevo.

Para saber la verdad debemos ir a la fuente, y la fuente es la Biblia. Eclesiastés 1:4 declara: "Una generación va y otra generación viene; mas la Tierra permanece para siempre". El *Zóhar*[2] nos dice que este versículo significa que la generación que ha muerto es la misma generación que regresa para reemplazarla. Una clave idéntica puede encontrarse en los Diez Mandamientos, la cual dice: "que castigo la iniquidad de los padres sobre los hijos hasta la tercera y cuarta generación"[3]. Esto no implica, como algunos han sostenido erróneamente, que Dios está tan lleno de ira que no se conforma con castigar únicamente al pecador, sino que también impondrá un castigo por el pecado sobre los inocentes nietos y bisnietos de dicho pecador. ¿Quién podría amar y adorar racionalmente a una deidad tan violenta y vengativa? El *Zóhar* revela que el significado de este versículo es que la tercera y cuarta generación son, de hecho, la primera generación en encarnaciones posteriores. El alma que regresa en la forma de sus propios descendientes para corregir sus pecados, citados como "la iniquidad de los padres"[4].

Ejemplos como estos que respaldan la validez de la reencarnación abundan en la Biblia, y exploraremos muchos de ellos. Pero el concepto de la reencarnación no es en absoluto exclusivo del judaísmo. La idea ya era prevalente entre los indios del continente americano. Y en Oriente, la enseñanza de la reencarnación es ampliamente conocida e influyente. En la India, millones de personas aceptan la verdad de la reencarnación de la misma forma que aceptamos la verdad de la gravedad: como una gran ley, natural e inevitable. Ciertamente, la humanidad tiene una necesidad y un deseo innatos de sobrevivir.

Así pues, está claro que la reencarnación es una de las ideas religiosas fundamentales de la humanidad; casi equiparable a la creencia en la existencia de Dios Mismo. El *Zóhar* afirma esto y *La puerta de las reencarnaciones*[5] lo amplifica. Pero como cualquier idea de gran antigüedad, el concepto de la reencarnación ha llegado a gran parte del mundo en un maremágnum de superstición y confusión. La superstición es tan repelente para el pensamiento occidental, que se ha depositado una gran desconfianza sobre el valor filosófico de la reencarnación. Después de todo, ¿quién de nosotros desea contemplar la idea de reencarnar como un perro o regresar como una piedra? Sin embargo, debajo de todas las fantasías, subyace una verdad fundamental y eterna. ¿Cómo pudo haber perdurado esta idea durante miles de años? ¿Cómo pudo haber atraído a tantos pensadores capacitados?

Una pregunta que se ha planteado desde tiempos inmemoriales es la siguiente: si Dios realmente existe, ¿por qué hay tanta miseria en el mundo? ¿Por qué hay tanto sufrimiento inmerecido, tantos dones que no se han ganado y crímenes no castigados? ¿Por qué existen los genocidios y los holocaustos? ¿Por qué hay hombres fuertes que de repente pierden su visión, niños inocentes azotados por la enfermedad, madres lactantes asesinadas por incautos borrachos que conducen a gran velocidad? ¿Tenemos que asumir que a Dios no le importa? ¿Es Él tan impotente que no puede cambiar tales condiciones?

En este mundo, ¿es el bien recompensado y el mal castigado? Se necesita muy poca observación para responder a esta pregunta. A menudo, el criminal anda suelto; el inocente está en la cárcel y el mediocre gana una fortuna.

La Biblia[6] nos habla de un tiempo por venir en el que nuestros castigos serán recompensados y nuestros pecados serán perdonados. A lo largo de los siglos, la humanidad ha anhelado ese mundo, y el *Zóhar* nos muestra que ese mismo anhelo, con nuestros ojos siempre enfocados en el Mundo Por Venir, es lo que ha hecho posible que la humanidad perdure[7].

Si Dios ha creado realmente un mundo tan miserable como este parece ser, aplicando la lógica, ¿qué esperanza podemos tener de que haya algo mejor en el Cielo? Si todas las almas son iguales al nacer, ¿por qué son los destinos humanos tan dispares? ¿Debemos ceder terreno a la desesperanzadora doctrina de la predeterminación y los elegidos? ¿Por qué no se nos brinda a todos la oportunidad de desarrollar nuestros poderes? ¿Es una cuestión de azar? ¿Podemos concebir un universo ordenado en el cual el funcionamiento del destino humano se deja en manos del azar?

¿No es acaso significativo que todo el resto de funcionamientos del universo estén guiados por leyes y principios naturales?

En lo que a este mundo respecta, la igualdad humana es un mito. A pesar de los discursos de los políticos, somos desiguales mentalmente, espiritualmente y moralmente. Las oportunidades y las limitaciones parecen estar siempre jugando a policías y ladrones con nuestros planes. Algunas personas tienen cuerpos fuertes y sanos; otras son frágiles y enfermas. Algunas tienen cerebros rápidos y fantasiosos; otras, aburridos y limitados.

La igualdad está negada por cada aspecto de la naturaleza. El medio ambiente sólo contiene desigualdad. Un niño que nace en África está limitado por ese nacimiento a una vida de escasez extrema. Otro nace en medio de una civilización avanzada con todas las ventajas educativas y culturales. Uno nace en una sucia habitación oscura de un apartamento muy pobre, otro nace en una casa refinada y es educado en el mejor vecindario.

Si hay almas y todas son iguales al nacer, ¿por qué debe haber tal favoritismo? ¿Acaso no hay ninguna norma ni propósito en la asignación de la ley sobre nuestros respectivos destinos? Un hombre puede trabajar duro toda su vida y al final de ésta acabar como paciente en un triste hospital o casa de caridad. Otro hereda un gran patrimonio y hace uso de los lujos del mundo como si fueran su propia cuenta bancaria, aunque pueda ser un vago, un parásito o un miembro inútil de la sociedad. ¿Por qué debería ser así? No es correcto decir que es una cuestión de intelecto, pues muchos hombres brillantes han fracasado y muchos necios han llegado al poder. Mires por donde mires, el mundo está lleno de crueles desigualdades e inexplicables contrastes.

La Biblia[8] nos dice que detrás de cada acontecimiento está Dios; pero nosotros no podemos probarlo señalando el estado del mundo. Al contrario, el caos moral parece ser más evidente que el orden moral. Así pues, ¿debería sorprendernos que cada vez más judíos y cristianos de todo el mundo han ido abandonando paulatinamente sus sinagogas e iglesias? El judaísmo y el cristianismo, en su estado actual, están fracasando porque nos hemos convencido de que Adam (Adán) nunca existió.

Lo que necesitamos hoy en día es una llave maestra para abrir el aparente caos y encontrar el orden en su interior. La reencarnación, despojada de la superstición y las medias verdades, puede ser esa llave. La importancia de esta obra es presentar la verdad vital de la reencarnación.

Es sorprendente lo rápido que las personas reflexivas han llegado a considerarla de forma favorable. En los últimos años, la gente ha empezado a tomarse en serio la reencarnación. Hoy en día, es razonable decir que millones de personas en el mundo occidental consideran la reencarnación como la explicación lógica de muchos problemas sociales, religiosos, humanísticos y medioambientales. Esta aceptación se ha difundido más allá de los límites de la Kabbalah original. Se han ofrecido muchos cursos sobre el tema y han sido ampliamente aceptados. Como muchos maestros no son muy versados en la Kabbalah, muchos de estos cursos han captado sólo una fracción de la estructura. Aun así, lo que se ha ofrecido ha sido fundamental en la mejora de la vida de la gente. Puesto que el concepto de la reencarnación es una herramienta racional para lidiar con los problemas más incomprensibles de la humanidad, resulta inigualable en su poder para iluminar e inspirar.

Lamentablemente, pocas personas se toman el tiempo para explorar cuál es su visión acerca de la verdad sobre qué es realmente lo que perturba al mundo. Si lo hicieran, se sorprenderían al descubrir cuántas cosas se aceptan como verdades sin haber sido realmente exploradas.

Por ejemplo, cuando nace un niño, damos por sentado que su conciencia fue creada con su cuerpo, que el aspecto interno del individuo que llamamos alma está ahí, y que es inevitable que esté ahí mientras ese niño viva.

¿Por qué aceptamos la propuesta de que el elemento interno que está en nuestro interior determina nuestras acciones? En *Iniciación a la Kabbalah*[9] se muestra por qué damos esto por sentado sin pensar mucho más allá de lo que parece obvio.

Brevemente, es de la siguiente manera: en un niño, vemos el aparente desarrollo de la conciencia; la mente y el crecimiento de esa mente con el paso del tiempo. Vemos el crecimiento de la mente paralelamente al desarrollo del cuerpo. En edades avanzadas, la conciencia desaparece de repente con la muerte del cuerpo. Por lo tanto, podemos suponer sin temor a equivocarnos que había algo interno que no podía ser percibido, pero que aún así tenía que existir. Algunos pueden argumentar que el cerebro produce la conciencia y que mucho de lo que creemos que es interno en realidad lo produce el cerebro físico. Pero esta no es en absoluto la única explicación.

El crecimiento de un niño en edad temprana es tan espectacular, dado el corto período de existencia del niño, que no podemos decir realmente que tal desarrollo se produce puramente en un nivel físico. Cuando el instrumento se destruye y la conciencia ya no puede sentirse a nivel físico, ¿queda entonces implícita la aniquilación de la mente y el alma? ¡No!

El alma de un hombre no depende de la existencia del cerebro de la misma forma que un músico no depende de la existencia de su violín, aunque ambos instrumentos son necesarios para la expresión musical en el mundo físico. Sólo cuando podemos comprender totalmente este punto de vista podemos empezar a aproximarnos al estudio de la reencarnación. La conciencia humana existía antes del nacimiento, y por conciencia humana me refiero al alma. Esta es la primera verdad fundamental de la reencarnación.

En el transcurso de esta obra, intentaré evidenciar que la muerte sólo ocurre en el cuerpo. El alma vive eternamente. Este es el aspecto de entendimiento faltante y que ha evitado que tengamos una cosmovisión objetiva de nosotros mismos. En su lugar, observamos los acontecimientos mientras se mueven sobre el escenario de nuestras vidas, viéndolos como partes desconectadas de una escena que dura poco menos de 70 a 120 años.

Mi intención no es demostrar que la reencarnación es un hecho de la naturaleza, aunque hay pruebas irrefutables que apoyan tal propuesta. Aquel que sienta la necesidad de una validación científica estricta debe darse cuenta que a medida que nos adentramos en el mundo subatómico de la existencia, descubrimos que la validación científica estricta de cualquier cosa se vuelve prácticamente imposible. La mecánica cuántica y el "Principio de incertidumbre", hoy en día respetado científicamente, se han ocupado de ello. En esencia, la verificación de la reencarnación no yace en la acumulación de más pruebas estrictas, sino más bien en la persuasión de los escépticos para que acepten lo que ya se ha dado a conocer.

El avance del conocimiento científico rara vez es una limpia secuencia de la predicción teórica hasta la prueba observable. Más bien es la imaginación, el destello súbito de la inspiración, lo que ha producido los mayores avances dentro de la comunidad científica. La ciencia nunca ha sido una recolección de datos conocidos, ni un equipo de sujetos lidiando con fenómenos naturales. Más bien es un camino para descubrir cómo funciona nuestro mundo lanzando teorías y luego sometiéndolas a la prueba de la observación y la experimentación. Entre el mundo abstracto de la conjetura y el mundo real de la experimentación, siempre existirá una tensión continua y, a veces, incluso conflicto. En esencia, los científicos de renombre casi nunca han esperado que surgieran las preguntas, sino que han realizado nuevos descubrimientos extendiendo su mirada más allá de los procesos mentales.

Habiendo observado que la condición social de muchas personas hace que les resulte imposible evaluar las pruebas de la supervivencia a la muerte con una mirada imparcial, creo que se puede adoptar un nuevo enfoque. De la misma forma que es imposible convencer a un hombre ciego de que hay estrellas si él ya está convencido de que el cielo es un manto totalmente negro, puede parecer imposible abrirse camino entre los prejuicios que la idea de la reencarnación despierta en muchas personas. Aun así, si pudiera realizarse una intervención quirúrgica para restaurar la visión del hombre ciego, no sería necesario seguir debatiendo sobre ello.

Así pues, este libro se ofrece como un intento de popularizar un método fundamental que permitirá a la gente abrir el ojo de la visión interna y, al hacerlo, entender que el hombre es una criatura que puede alcanzar un estado del ser más elevado.

Tal como he explicado en *Iniciación a la Kabbalah*[10], no estamos hablando de un tema religioso. La reencarnación no es una cuestión de fe ni doctrina, sino de lógica y razón. Aun así, la Biblia es su origen. En este libro, presentaré no sólo la información existente sino también, por primera vez, nuevos textos originales que demuestran que la reencarnación es una realidad de la vida, sea cual sea el credo o la doctrina bajo la cual se viva esa vida.

Las múltiples facetas de las novedades sobre la reencarnación proporcionarán a todos los hombres y las mujeres una de las razones principales para su existencia. Y explicará por qué nos comportamos como lo hacemos.

PARTE UNO

EL ÁMBITO DE LA REENCARNACIÓN

CAPÍTULO UNO

RELIGIÓN Y CIENCIA

Muchos creen que más allá de la necesidad de sobrevivir, la vida humana no tiene ninguna otra explicación. Otros quizá nunca lleguen a pensar siquiera en el asunto. Sin embargo, aquellos que hemos sido educados en la tradición judía tenemos creencias acerca de la vida humana y el sufrimiento, y creemos que cada ser humano tiene un alma y que esa alma es inmortal.

Creemos que el sufrimiento es una prueba que nos pone Dios, siendo el Cielo la recompensa o el Infierno el castigo que nos espera. Creemos no porque tengamos prueba de ello, sino debido a que estas cosas se nos han enseñado bajo la autoridad de nuestros padres y prelados, que a su vez lo tomaron de sus padres y maestros religiosos hasta remontarnos a la autoridad de la Biblia.

No obstante, desde el Renacimiento el mundo occidental se ha vuelto cada vez más escéptico del conocimiento heredado únicamente bajo la fuerza de la autoridad, sea dicha autoridad una persona o un libro. Se fomenta el escepticismo en todas las creencias que no pueden sobrevivir el implacable examen de la ciencia.

Ptolomeo dijo que el Sol giraba alrededor de la Tierra. Más tarde, Copérnico desarrolló un instrumento que probaba que era al revés. Una vez hubo la creencia casi universal de que la Tierra era plana. Entonces llegaron Colón, Magallanes y otros intrépidos aventureros que derrocaron esa convicción navegando hacia el Oeste y regresando a casa desde el Este. Mediante ésta y cientos de otras demostraciones, la humanidad fue gradualmente dándose cuenta de que las antiguas autoridades podían estar equivocadas. Un descubrimiento tras otro fue fragmentando y desordenando el cuadro limpio y organizado que la humanidad creía que estaba a prueba de desafíos.

Nadie ha sido nunca capaz de ver o detectar un alma. ¿Y la inmortalidad? ¿Quién ha regresado alguna vez para hablarnos de ella? ¿Y el Cielo? Nuestros telescopios no nos muestran ninguna evidencia. ¿Y Dios? Algunas mentes instruidas dicen que es el resultado de una mente que necesita un sustituto paterno.

El universo es una máquina colosal y el hombre es una pequeña máquina, aunque ambos han sido posibles mediante la organización de los átomos en un proceso evolutivo natural. El sufrimiento es la lucha inevitable del hombre por la supervivencia, nada más. La muerte es una mera disolución de los elementos químicos. Los "hechos" están ahí, igual que lo estaban cuando el Sol giraba alrededor de una Tierra plana.

La ciencia nació de nuestros cinco sentidos. Sin duda, ha expandido nuestros sentidos con microscopios, telescopios y radares. Ha sistematizado nuestro sentido de la observación con razonamiento, matemáticas y la tecnología de la experimentación. Pero hay algo que no ha cambiado: la ciencia sigue siendo el testimonio de nuestros cinco sentidos.

La física clásica responde nuestras preguntas acerca de la naturaleza esencial de las cosas a través del modelo newtoniano del universo. Las propiedades del átomo fueron extraídas por primera vez de la noción macroscópica de las bolas de billar y, por lo tanto, de la experiencia sensorial. Nunca se cuestionó si el modelo podía o no aplicarse al mundo del átomo. Ni siquiera fue investigado a nivel experimental sino hasta el siglo XX, cuando los físicos pudieron finalmente abordar la cuestión de la naturaleza esencial de la materia. Con la ayuda de la tecnología más sofisticada que jamás había visto el mundo, fueron capaces de penetrar más y más profundo en la naturaleza, destapando una capa de materia tras otra. La existencia de los átomos fue verificada. Luego se descubrieron los constituyentes de los átomos: el núcleo, los electrones y finalmente los componentes del núcleo: los protones, los neutrones y una multitud de otras partículas subatómicas. A medida que los complicados instrumentos de la física moderna experimental fueron penetrando en el mundo submicroscópico hasta llegar a ámbitos de la naturaleza lejanos a nuestro entorno macroscópico, ese mundo se volvió súbitamente accesible a nuestros sentidos.

El mundo subatómico sigue estando más allá de nuestras percepciones sensoriales. Sin embargo, con la ayuda de la instrumentación moderna, podemos observar las propiedades de los átomos y sus constituyentes de una forma indirecta. Aun así, sólo podemos hacerlo mediante una cadena de procesos que concluyen con el clic audible de un contador Geiger o en el punto oscuro de una placa fotográfica. Por lo tanto, lo que vemos y oímos nunca son de por sí los fenómenos que se investigan, sino siempre sus consecuencias. En este nivel, el conocimiento de la materia ya no deriva de la experiencia sensorial directa. Así pues, nuestro lenguaje, que toma las imágenes del mundo de los sentidos, deja de ser adecuado para describir los fenómenos observados. Cuanto más profundizamos en la naturaleza, más imágenes y conceptos del lenguaje ordinario debemos abandonar.

En este viaje al mundo de lo infinitamente pequeño, el paso más importante desde un punto de vista filosófico fue el primero que se dio. Una vez que el físico se encontró lidiando con la experiencia no sensorial de la realidad, tuvo que enfrentarse al aspecto paradójico de la experiencia. Cuando Einstein desarrolló su teoría de la relatividad, derrumbó muchos de los aspectos fundamentales de la física cuando nos dijo que el tiempo no es invariable. Con ello, abrió la puerta a que la validez de la reencarnación fuera considerada.

Irónicamente, los instrumentos que hemos creado con nuestros cinco sentidos nos han mostrado que este equipamiento sensorial es imperfecto en sí mismo e inadecuado para presentarnos el mundo tal como realmente es. Las ondas de radio, la radioactividad y la energía atómica son sólo algunos de los fenómenos que ahora nos muestran que estamos rodeados de ondas y pulsaciones de energía invisibles. Las partículas más diminutas de materia contienen fuerzas de una magnitud tan grande que nuestra imaginación no puede abarcarlas.

Si el científico fuera a considerar el fundamento de fundamentos —la semilla— tendría que preguntarse cómo este núcleo diminuto puede producir un despliegue infinito de vida con todas sus diversidades. El fenómeno del esperma humano desafía la imaginación. Los cinco sentidos nunca podrían proporcionarnos los medios para lograr el funcionamiento de esta semilla.

CAPÍTULO DOS

LA NUEVA ERA DE LA REALIDAD

E stamos mirando al mundo a través de pequeñas mirillas, nuestros ojos y oídos en la totalidad limitada de nuestro cuerpo. Nuestra sensibilidad vibratoria a la luz nos permite recibir tan sólo una pequeña fracción de la totalidad de las vibraciones de luz que existen. Un silbato de perro de cincuenta centavos llamará a nuestro perro, pero nosotros no lo oiremos porque su frecuencia vibratoria está por encima de nuestro límite superior de sensibilidad.

Hay muchos animales e insectos cuyo rango de visión, audición u olfato es diferente al nuestro. Por consiguiente, su universo contiene muchas cosas que no podemos percibir. Resulta un espectáculo curioso: el hombre orgulloso, superado por los animales, los pájaros y hasta los insectos. Un hombre pensante no puede sino preguntarse acerca de su percepción de la realidad y desear ver por sí mismo algunas de estas grandes invisibilidades.

Imagina que fuéramos entrenados para utilizar nuestro equipamiento sensorial de tal forma que nuestra sensibilidad vibratoria a la luz y el sonido fuera ligeramente aumentada. ¿Acaso no nos volveríamos conscientes de muchos objetos que hasta entonces eran indetectables para nosotros? Supón que algunas personas nacieran con un rango de sensibilidad ligeramente aumentado. ¿Acaso dichas personas no podrían ver y oír cosas que el resto de nosotros no vemos y oímos? La historia a menudo represora del hombre indica numerosos casos en los que estas sensibilidades aumentadas parecen haber existido. Rav Shimón bar Yojái tenía una asombrosa sabiduría y poder a su disposición. Sin embargo, su hijo y él fueron forzados a esconderse en una cueva durante años para poder revelar el *Zóhar*.

Pero la ciencia también tiene la capacidad de expandir las sensibilidades del hombre, a menudo en áreas consideradas incómodas y extrañas por parte de otros científicos. Semión y Valentina Kirlian son un excelente ejemplo. En 1958, dos científicos soviéticos que utilizaban una técnica fotográfica conocida desde la década de 1890, captaron por primera vez en cámara una imagen del campo biológico que constituye el aura humana. El proceso, llamado electrofotografía, hace también posible examinar el patrón de luminiscencia de docenas de materiales: goma, monedas, hojas, papel y tejidos. Los Kirlians descubrieron que los detalles estructurales de las emanaciones eran distintos para cada objeto examinado y fotografiado. Pero el resultado más significativo de su profundo estudio fue descubrir que los seres vivos tienen patrones totalmente diferentes de aquellos que emanan de los objetos inanimados. Una moneda de metal está rodeada por un aura constante e invariable, pero un ser humano produce una imagen de una infinidad de luces brillantes, fugaces y destellantes que resplandecen como joyas.

Cuando reportaron los resultados de su descubrimiento, los científicos escribieron:

> *Lo que vimos en el panorama a través del microscopio y nuestros instrumentos ópticos parecía como la tabla de control de una computadora gigante. Las luces brillaban y se atenuaban aquí y allá, señalando procesos internos. Si algo no iba bien por dentro, o si las condiciones requerían de un ajuste, el ingeniero en la tabla de control podía leer las señales en las luces. En los seres vivientes, vemos las señales del estado interno del organismo reflejadas en la brillantez, la opacidad o el color de los destellos. La vida interna de las actividades dentro de un ser humano está escrita en estos jeroglíficos de luz. Hemos creado un aparato que escribe estos jeroglíficos, pero para leerlo vamos a necesitar ayuda[11].*

En Psychic Discoveries Behind the Iron Curtain (Descubrimientos psíquicos detrás de la cortina de hierro), Ostrander y Schroeder escribieron lo siguiente acerca de la fotografía Kirlian:

> *El equipo Kirlian estaba trabajando aquella noche con las fotografías cuando sucedió algo extraño. Tras*

> *haber examinado las hojas de varias plantas, sabían*
> *que cada especie tenía su propio patrón único de*
> *energía, como si fueran patrones individuales de un*
> *televisor que emiten desde cada tipo de planta. Pero*
> *las fotos de las hojas idénticas diferían*
> *pronunciadamente entre ellas. ¿Eran las hojas de dos*
> *especies distintas de plantas? ¿Habían cometido un*
> *error? Volvieron a repetir una y otra vez las*
> *fotografías con el mismo resultado*[12].

Sólo pudieron confirmar la individualidad de cada entidad examinada, por muy cercana que fuera la conexión con su par idéntico. Súbitamente, en un mundo en el que los fenómenos paranormales y metafísicos existen, y en el cual incluso el aura de una entidad individual demuestra ser diferente a la de su par idéntico, nuestros cinco sentidos se convierten ciertamente en un guía patético.

CAPÍTULO TRES

EL DILEMA DE LOS FENÓMENOS INEXPLICABLES

No podemos seguir descartando los fenómenos inexplicables como coincidencias. Y debido a las grandes corrientes que arrasan nuestra época, la tarea de alertar a otras personas de tales acontecimientos ha cobrado una importancia y un interés tremendos.

Pocos saben eso mejor que el Dr. Joseph Banks Rhine, de la Universidad de Duke. Desde 1930 este científico visionario y sus asociados han estudiado las facultades telepáticas y clarividentes del ser humano. Mediante experimentos cuidadosamente controlados y con el uso de métodos científicos, el Dr. Rhine ha descubierto que bajo condiciones de laboratorio muchas personas demuestran evidencia de poderes de percepción extrasensoriales. Se han utilizado técnicas estadísticas exhaustivas para evaluar los experimentos del Dr. Rhine y, matemáticamente hablando, éstas indican que los resultados logrados no pueden atribuirse a la casualidad[13].

Cada vez hay más evidencias, lo cual está empezando a alterar la tradicional duda del mundo occidental sobre si los poderes telepáticos y clarividentes existen en la composición mental humana. Los laboratorios han establecido la clarividencia sólo como un posible modo de percepción. Su potencial para ser algo útil todavía está en la superficie.

Ese potencial es enorme. Claramente, si un hombre posee un medio de conocimiento que no depende de sus cinco sentidos —si puede, bajo ciertas condiciones, ver como si fuera en una pantalla de televisión lo que está sucediendo en otro lugar en el espacio sin utilizar sus ojos físicos— entonces ese hombre posee una herramienta importante para obtener conocimiento sobre sí mismo y sobre el universo.

La humanidad ha logrado grandes cosas a lo largo de los siglos, pero con toda nuestra fortaleza y flexibilidad, seguimos siendo frágiles y vulnerables. A pesar de todas nuestras conquistas, nos seguimos sintiendo impotentes y desconcertados. A pesar de todos nuestros esfuerzos en el arte y la cultura, todavía nos encontramos preguntándonos acerca de nuestro sufrimiento y el de nuestros seres queridos, desde el nacimiento hasta la muerte. No obstante, últimamente hemos penetrado en los recovecos internos del átomo y ahora, con nuestras recientemente descubiertas facultades de percepción extrasensorial y nuestra nueva conciencia de la relación tan estrecha que existe entre la mente consciente y la mente subconsciente, estamos a punto de penetrar en los santuarios internos de nuestra alma. Quizás al fin podamos encontrar respuestas satisfactorias a los enigmas fundamentales de nuestra existencia. Quizás ahora podremos entender las razones de nuestro propio nacimiento y nuestro dolor, y aprender adónde nos lleva todo esto más allá de nuestra muerte.

Capítulo Cuatro

La reencarnación y el sufrimiento humano

S i Dios es bueno, amoroso, misericordioso y justo, ¿por qué hay tanta gente inocente que sufre mientras que los culpables prosperan y están en libertad?

Esta pregunta es casi tan antigua como la humanidad misma. La respuesta es precisamente igual de antigua. Utilizando la analogía de la rueda, la respuesta puede entenderse fácilmente.

La palabra "reencarnación" en hebreo es *Guilgul Neshamot*, que literalmente significa "Rueda de las almas". Es a esta gran rueda metafísica —con almas adosadas en su llanta como estrellas en el filo de una galaxia— a la que debemos mirar si queremos ver más allá de la apariencia de inocencia castigada y maldad recompensada. *Guilgul Neshamot* es una rueda en constante movimiento, y con sus vueltas las almas entran una y otra vez en el ciclo de nacimiento, evolución, muerte y nacimiento de nuevo. La misma evolución ocurre con el cuerpo en el trascurso de una vida. Hay nacimiento, crecimiento celular, reproducción (paternidad) y muerte —nuevos cuerpos producidos por los viejos, dando lugar así a una continuidad de la forma física—, un padre impartiendo su semilla por el bien de la continuidad, un proceso sin fin.

Entender este proceso en el nivel físico es la clave para tener una visión verdadera del continuo. Cuando lo consideramos de esta forma, es sorprendente ver cuántas cosas asume la sociedad como verdaderas sin ninguna consideración previa. Toda la tendencia de la evolución física va desde lo simple hasta lo complejo. En un extremo está la simple célula sin órgano ni estructura, en el otro extremo está el extraordinario y complejo cuerpo con sus millones de células organizadas en órganos, tejidos, grandes redes nerviosas y tejido cerebral. Nuestros cuerpos están continuamente evolucionando. El cerebro de un bebé tiene un reducido poder de respuesta, pero a medida que el niño crece, su mente se vuelve más visible, no tanto por su crecimiento físico sino por un desarrollo continuo de la conciencia. En edades avanzadas, el cerebro reduce su capacidad de respuesta y la expresión física disminuye. En la muerte, el instrumento, que es el cuerpo, se destruye y la conciencia no puede seguir sintiéndose a nivel físico. Pero eso no implica la aniquilación del alma, ni siquiera de la mente. La evolución permanente es un concepto fundamental de la reencarnación.

Una de las grandes paradojas de lo que vemos como la realidad es el hecho de que, aunque reconocemos la inevitabilidad universal de la muerte, tenemos miedo de morir. Los cuerpos físicos son sacrificados en la guerra para mantener otros cuerpos físicos con vida. La guerra es el resultado del esfuerzo del hombre por mejorar su estilo de vida, pero la experiencia siempre nos ha mostrado que cualquiera de estas mejoras es a expensas de alguien. Las formas minerales son despedazadas para elaborar alimento para las plantas, las plantas se sacrifican para los animales y los animales se sacrifican para el hombre. Desde un punto de vista físico, la naturaleza es poco más que un osario. Por consiguiente, puesto que es obvio que a la naturaleza le importan muy poco los cuerpos físicos, es fácil preguntarse si algo tiene algún propósito.

Aun así, es igualmente observable que algo en nuestro universo hace que el continuo no se detenga. El crecimiento, como la rueda, no tiene principio ni final. Y ver la vida meramente como un principio y un final es como ver un árbol en un bosque y decir que sólo está el árbol. El problema se origina en el hecho de que estamos perdidos en este continuo de tiempo y movimiento. Todo en la vida, sin excepción, funciona como una rueda desde la cual es imposible mirar más allá del momento y ver que, al venir a la Tierra muchas veces, acumulamos experiencia y pasamos de un grado a otro, como hicimos de niños al crecer. La historia nos muestra que creamos sociedades primitivas que evolucionaron y se graduaron de civilización básica hasta lo que podría llamarse civilización moral. Lo que hemos cosechado, para bien o para mal, es una progresión continua de experiencias que sólo pueden verse como una encarnación detrás de otra. Crecemos continuamente de ser sociedades agrarias a ciudades, de la guerra a la paz y a la guerra de nuevo, pero nunca vemos realmente más allá del lugar que ocupamos en la rueda.

Aceptamos ciegamente el movimiento de la rueda que constituye nuestra vida sin cuestionarnos hacia qué extremo gira. Pero ha nacido una nueva era, y todo eso está a punto de cambiar.

Ahora que hemos entrado en la Era de Acuario, todo el mundo puede aprender Kabbalah. El aumento de Luz espiritual atraída por los sabios del pasado está llevándonos de la oscuridad a una nueva conciencia del continuo movimiento de la cosmología. Somos capaces, si así lo elegimos, de entender el concepto de que el alma está continuamente pasando por un proceso rotativo sin estar limitada por el tiempo a un cuerpo en particular.

En mi libro *Las Diez Emanaciones Luminosas, Vol. II*[14], describo en detalle las diferencias entre las generaciones. A medida que la Era de Acuario marca el inicio de la Era de la Iluminación, puede ser posible que hasta los escépticos acepten que el conocimiento que tenemos hoy lo hemos adquirido en vidas pasadas. Puede que incluso nos atrevamos a decir que la gente que aprendió tales cosas en el pasado ha regresado a través del continuo a esta vida con conocimiento y experiencia para compartir con esta era.

Para entender este fenómeno necesitamos un par de ojos nuevos y mejorados. Las cuatro estaciones, vistas a través de los lentes antiguos, muestran muy poco cambio. ¿No es la vida en realidad la misma que el año anterior? ¿No siguen estando las estaciones en el mismo orden, de acuerdo al mismo plan? Aquellos que no logran comprender las posibilidades de la reencarnación, sea por miedo o por ignorancia, pasan por alto el principio de la rueda que existe en cada forma de vida en la Tierra.

Esto nos trae de vuelta la frustrante pregunta acerca de la injusticia del sufrimiento humano. Las fuentes más comunes de tal sufrimiento son la enfermedad y la edad avanzada. A pesar de todos nuestros avances científicos, ni siquiera hemos tocado la superficie en la lucha contra estos dos villanos. Tampoco hemos manifestado ningún progreso en la resolución del enigma de la muerte misma. Los incendios, las inundaciones, la enfermedad y los desastres son sólo amenazas exteriores a la paz, la felicidad y la vida.

Interiormente, libramos la batalla contra el egoísmo, la estupidez, la frivolidad, la hipocresía y la avaricia; todas ellas fuentes infinitas de dolor. Los momentos de desesperación están intercalados con fantasías, euforia y la esperanza constante de que en el centro de todo esto yace un cielo de amor, belleza y comprensión. La rueda gira, y nos deja luchando en medio de la confusión, preguntándonos para siempre cuál es nuestro propósito: ¿Quién soy? ¿Por qué estoy aquí? Hasta que estas preguntas que son las más fundamentales sobre nuestra existencia sean respondidas, nada habrá sido respondido. Hasta que las razones del dolor sean explicadas, nada habrá sido explicado. Hasta que el sufrimiento de la criatura más insignificante sea explicado, nada habrá sido explicado y nuestra comprensión filosófica de la vida será incompleta.

Capítulo Cinco

La reencarnación y la Biblia

En nuestra infancia se nos enseña que si hacemos algo bueno Dios nos recompensará y si hacemos algo malo nos castigará. Es como si Dios estuviera en algún lugar por encima de nosotros como un padre severo, diciendo: "Ah, ¿eres bueno? Toma un caramelo" o "Oh, ¿eres malo? ¡Estás castigado!". Nunca lo creas. Esta visión tan simplista no está a la altura del Creador y mucho menos de Su creación.

La mayoría de nosotros —judíos o cristianos— hemos sido educados con el concepto de un alma que es inmortal y reside en algún sitio dentro de nuestro ser. Se nos ha enseñado que el sufrimiento es esencialmente una prueba que nos pone Dios y que el Cielo o el Infierno serán la recompensa o el castigo que nos espera cuando la vida se acabe.

La recompensa y el castigo son como el tomacorriente que hay en el salón de tu casa. Enchufa una lámpara y te beneficiarás de la bendición de la luz. Mete un dedo en éste y sentirás una desagradable descarga eléctrica. Ninguno de los resultados de estas acciones representa una recompensa o un castigo. Más bien, son meramente el efecto de una decisión individual, el ejercicio del libre albedrío.

Aun así, millones de personas se aferran a este escenario de recompensa y castigo, no porque tengan pruebas de ello sino porque piensan que lo dice la Biblia. Es por el mismo motivo que muchos de los que pertenecen a la fe judía o cristiana se rehúsan siquiera a considerar la posibilidad de la reencarnación. ¿Dónde se menciona la reencarnación en la autoridad a la que tanto respetamos? El *Libro de Éxodo*[15] nos proporciona una explicación completa, no sólo de la reencarnación, sino también de sus efectos con respecto a los padres e hijos, hermanos y hermanas, y cómo todos ellos se relacionan en el entorno inmediato.

Uno de los argumentos más fuertes en contra de la reencarnación puede encontrarse en la pregunta: "¿Por qué no recordamos nuestras vidas pasadas, y por qué se nos castiga ahora por cosas que no recordamos haber hecho en alguna existencia hace mucho tiempo?".

En *Éxodo*[16], el Eterno prohíbe la construcción de dioses paganos y ordena: "No los adorarás ni los servirás; porque Yo, el Eterno, tu Dios, soy Dios celoso, que castigo la iniquidad de los padres sobre los hijos hasta la tercera y cuarta generación de los que me aborrecen". Este versículo en particular ha sido objeto de muchos comentarios y críticas que argumentan la injusticia de castigar a generaciones sucesivas por los pecados de un solo hombre o una sola mujer.

Las leyes de la herencia genética, que ahora empiezan a entenderse a través de la investigación del ADN, pueden parecer respaldar la visión literal bíblica del pecado parental que se transmite a los hijos. Si la avaricia a corto plazo que ha contaminado nuestro suministro de agua y el uso indiscriminado de medicamentos sin considerar los efectos secundarios sobre un feto en desarrollo son "pecados", entonces son pecados que ciertamente se transmiten a los hijos —frecuentemente a varias generaciones sucesivas— en la forma de defectos de nacimiento, enfermedades congénitas y retrasos mentales. Sin embargo, hay una aparente paradoja en el desarrollo humano que la herencia genética no logra explicar. En el reino animal inferior, se encuentran pocas dificultades al intentar formular el sistema de la ley científica de la herencia genética. Los gatitos son casi un duplicado de los gatos. Las crías de aves no necesitan lecciones de vuelo una vez que sus plumas se han desarrollado. El hombre es diferente. La normalmente vasta diferencia que suele haber entre padres e hijos con respecto a los valores mentales y morales parece ir mucho más allá de cualquier mapa genético hallado en el ADN hasta la fecha.

El versículo sobre "los pecados de los padres" no significa lo que parece, sino que más bien tiene un significado más profundo. El *Zóhar* nos dice que indica que un cierto individuo enviado a este mundo con un propósito de corrección no logra completar dicha corrección y debe regresar. La Biblia no quiso decir que un inocente pagaría por los pecados cometidos por su padre, sino que el individuo que cometió los pecados es el padre, que regresa en la tercera o cuarta generación para retomar la tarea de corrección donde la dejó. En un sentido muy literal de la palabra, se convierte en su propio bisnieto o tataranieto.

Rav Yitsjak Luria (el Arí), autor de *La puerta de las reencarnaciones*[17], explica que el número de veces que este ciclo debe repetirse antes de lograrse la corrección depende del alma individual. Si esa alma vive una vida sin ningún progreso, se le permite regresar otras tres veces como máximo, y el fracaso total resultará entonces en una reversión de esa alma al abismo.

En la traducción literal de *Éxodo*, la palabra "generación" no se menciona. Con esa supresión, el significado se vuelve claro. Un hombre o mujer puede retornar tres veces más, para un total de cuatro vidas. Si se realiza algún progreso en alguna de esas encarnaciones, entonces no se impone ningún límite en el número de reencarnaciones que necesite para completar su misión de corrección. Pero, aunque se realicen progresos, el peligro de retroceder en cualquiera de esas vidas está siempre presente.

CAPÍTULO SEIS

LA ENCARNACIÓN EN NIVELES INFERIORES

De todos aquellos que aceptan la doctrina de la reencarnación, quizá solamente los kabbalistas creen que un alma puede regresar a un nivel inferior al que dejó en su vida previa[18]. Ciertamente, si el peso del *tikún* (corrección) es suficientemente pesado, un alma humana puede reencarnar en el cuerpo de un animal, una planta o incluso una piedra[19]. Por increíble que parezca, este conocimiento explicará muchos de los misterios que han confundido al hombre desde sus orígenes hasta el apogeo de su ciencia. Arrojará luz sobre el tema de las "apariciones" y aclarará muchas cosas que los psiquiatras intentan explicar en vano sobre la "enfermedad mental". Puede que hasta aclare el origen de uno de los mitos más antiguos: el cuento de *Las mil y una noches* y el genio de la lámpara[20].

Como personas, somos rápidos en burlarnos de aquello que nuestros cinco sentidos no pueden detectar o que nuestra doctrina religiosa de la infancia ha negado o ignorado. ¿Pero qué podría ser un destino metafísico más lógico para el alma de un asesino en serie que estar encerrado en una piedra?

En el caso del alma de aquel para quien el asesinato se ha convertido en un modo de vida, la reencarnación en un cuerpo humano no es probable que resulte en otra cosa que no sea más asesinatos, puesto que el acto de quitar vidas es la manifestación misma del Deseo de Recibir del individuo[21]. Desde un punto de vista kabbalístico, es posible que esta alma regrese a esta dimensión de tiempo, espacio y movimiento como un objeto inanimado en el cual el Deseo de Recibir es el mínimo indispensable. En semejante infierno de reclusión total, un alma podría llegar a perder las *klipot* —cáscaras malignas de energía negativa— que la han cubierto, liberándose de la terrible capacidad para abandonarse a la tentación de matar.

No obstante, no todos los que caen bajo el peso de sus crímenes acaban encerrados en piedra. Dependiendo del peso de las *klipot* que su energía negativa ha fabricado, pueden regresar como animales o plantas, y al hacerlo dejar rastros vívidos de ese hecho en lo que la profesión médica llama "enfermedad mental" o el folklore puede llamar "encantamientos".

Es especialmente en los meses de invierno, en los que los días son cortos y la oscuridad reina, cuando invaden la conciencia rumores de sonidos que emanan de algunos objetivos aparentemente inanimados o de árboles secos y deshojados que parecen rumiar con una inteligencia malévola. Tómalos como cuentos de hadas o estúdialos como manifestaciones metafísicas legítimas y no tendrán ninguna consecuencia, pero no subestimes a los *iburim*: almas que pueden adherirse a los incautos a través del consumo de la materia animal o vegetal en la cual han encarnado.

La historia más reciente está repleta de relatos de personas perfectamente racionales, incluso amables, que sin motivo aparente se convirtieron en asesinos implacables y despiadados: el Charles Whitman que subió a la torre de la Universidad de Texas para esparcir la muerte en el campus que había abajo con un rifle de alta potencia no era el Charles Whitman conocido en aquel mismo campus como un estudiante tímido y amable.

Conozco una mujer que fue encerrada dos veces en un módulo psiquiátrico porque sentía que era bombardeada por espíritus malignos, y puedo dar testimonio de que es tan normal como cualquier persona considerada como mentalmente apta. Esa definición en sí misma es sospechosa. Creo que entre el setenta y el ochenta por ciento de las personas muestra algún "comportamiento anormal" en un momento u otro, y que en gran parte de estos casos un espíritu invasivo del mal es la causa. Los ritos de exorcismo pueden sanar a muchos más de los "mentalmente aptos" que los medicamentos y la terapia de electroshock empleada por la comunidad psiquiátrica. Los psiquiatras a menudo tratan los síntomas sin conocimiento de causa.

Hay una historia[22] sobre Shmuel Vital, hijo de Jayim Vital, que ilustra este punto. Shmuel estaba en Egipto y una mujer joven se había quedado muda y paralizada dos meses después de su boda. Llamaron a Vital, quien debido a la naturaleza repentina de la aflicción, sospechó que se trataba de una posesión por parte de un espíritu maligno que de alguna forma había logrado invadir su ser.

En el trascurso de su examen, una voz masculina emanó de ella: el alma de un hombre que le dijo a Vital que la había amado y que lo consumieron los celos cuando ella se casó con otro. Por consiguiente, la había poseído e incapacitado para funcionar como mujer de su rival. Se convocó a un exorcista y el texto nos dice que logró sacar al espíritu poseedor y encerrarlo en una botella que luego enterró en la arena. Nótese la semejanza con la antigua historia de Aladino y la lámpara mágica. La palabra "genio" procede de la palabra *yini*, que en la mitología árabe se refiere a una entidad metafísica. Si aquella chica que fue rescatada de su cautiverio espiritual gracias a la intervención de Shmuel Vital hubiera vivido hoy, su destino probablemente habría sido una vida en el pabellón psiquiátrico.

Llegados a este punto, debe quedar muy claro que la reencarnación se discute y se acepta en la Biblia, y que en virtud de esa aceptación forma parte integral del judaísmo y el cristianismo.

El *Zóhar* hace una aclaración más con respecto al siguiente versículo bíblico[23]: "Estas son las ordenanzas que pondrás delante de ellos...si compras un esclavo hebreo". El texto que sigue, tras una lectura relajada, parecería no ser mucho más que una recopilación de reglas acerca de la posesión y el trato de los esclavos. Ordenanzas que son ahora irrelevantes desde que la institución de la esclavitud, al menos en su sentido formal, fue abolida en prácticamente todos los países del mundo. Pero la palabra "esclavo" tal como aparece en el versículo citado es una expresión que describe las vasijas que contienen y por lo tanto revelan los medios a través de los cuales las almas regresan de nuevo a este mundo[24]. La esclavitud en cuestión no es sino la esclavitud de todo ser humano a la energía del cuerpo. En resumen, significa simplemente que cada alma será juzgada según el pecado que haya cometido en una vida previa, y las encarnaciones continuarán hasta que esos pecados sean corregidos. Los detalles acerca de lo que el *Zóhar* se refiere aquí llenarían otro libro.

CAPÍTULO SIETE

LA CONEXIÓN MATEMÁTICA

Una de las objeciones principales expresada por los escépticos acerca de la reencarnación es de naturaleza matemática. Si el número de almas es finito y siguen regresando a través de la reencarnación, ¿cómo puede haber un aumento en la población?

La Biblia[25] nos dice que Moshé reunió a toda la congregación de los hijos de Israel y que "son los 600.000"[26]. Sin una reserva infinita de almas, la lógica parecería decirnos que nunca podría haber más de 600.000 almas dentro de la nación judía y, sin embargo, hoy en día hay sin duda más de 600.000 judíos en el mundo.

Adam, cuyo mismo nombre significa "hombre", era el depósito de todas las almas que alguna vez llegarían a existir en la Tierra[27]. Así pues, su propia alma era infinitamente subdivisible. Cuando pecó en Edén, el depósito de las almas se fragmentó y esta vasija comunitaria se fragmentó en lo que el kabbalista llama "chispas", siendo cada una de ellas tan única como la doble hélice microscópica de ADN que determina las características del individuo que lo recibe. De esta forma, la joven Tierra fue sembrada con almas mientras que millones de almas más yacen en depósitos metafísicos esperando su turno para empezar el ciclo de nacimiento, vida, muerte y nuevamente nacimiento.

Esto explica porqué, aunque la Biblia es explícita al numerar los israelitas que siguieron a Moshé en su salida de Egipto, la nación judía no ha tenido escasez de almas para su crecimiento a lo largo de los siglos.

El concepto de las chispas explica también las diversas diferencias psicológicas que existen en la humanidad. Con el progreso de la ciencia moderna, nos hemos vuelto conscientes de que el organismo humano no es simplemente una estructura física hecha de células y moléculas. Hoy en día vemos que en el nivel elemental estamos compuestos de energía. Y en el nivel más interno, una actividad de inteligencia está constantemente teniendo lugar en nuestros cuerpos. Si la energía es la fuerza que hay detrás de nuestros campos magnéticos, entonces la inteligencia es la dirección que le otorga influencia a esa fuerza.

Cada parte del cuerpo, aunque parezca sólida e inmóvil, tiene una actividad continua que ocurre en su interior. Por lo tanto, esta cantidad infinita de actividad también contiene una cantidad interminable de inteligencia.

Cuando el alma de Adam se fragmentó, las inteligencias infinitas encarnaron en cuerpos. Las inteligencias que una vez fueron parte del cerebro de Adam encarnaron en personas intelectuales cuyo trabajo estaba relacionado con la actividad mental. Las inteligencias que fueron parte de los dedos de Adam encarnaron en personas cuyas actividades estaban relacionadas con el trabajo con los dedos. Por lo tanto, todas y cada una de las fuerzas de energía inteligente del perfil de Adam transmigraron con su fórmula de ADN única y particular representando a las diferentes personas que habitaban la Tierra.

PARTE DOS

LA EXPLORACIÓN DEL MISTERIO DE LA REENCARNACIÓN

CAPÍTULO OCHO

EL CUERPO Y LA FUNCIÓN INTERNA

C ualquier discusión sobre la reencarnación incluye necesariamente una discusión sobre el origen de la conciencia, el cual implica la preexistencia. Pero este concepto sólo puede aclararse si nos apartamos de la idea errónea de que la conciencia depende del cerebro físico. Si ese fuera el caso, entonces la conciencia moriría necesariamente cuando muriera el cuerpo/cerebro. Sin embargo, cada individuo se compone de dos aspectos: la función del cuerpo y la función espiritual. El cuerpo puede caer en un estado de coma, pero la conciencia puede seguir dándose cuenta completamente de lo que está sucediendo; un punto muy respaldado por investigadores de "la vida después de la muerte" como Elisabeth Kübler-Ross, cuyos pacientes casi siempre informaban haber percibido un largo túnel con una luz al final justo antes de la muerte clínica y la recuperación.

No obstante, la Dra. Kübler-Ross no fue la primera en escribir acerca de la experiencia del túnel. En el *Zóhar* se nos cuenta que, tras la muerte del cuerpo físico, el alma viaja inmediatamente a Hebrón, donde se encuentra con Adam, y que lo hace viajando a través de un largo túnel[28]. Esta experiencia casi universalmente común ha sido relatada por judíos, cristianos, agnósticos y una amplia diversidad de gente de otras creencias en el momento de la muerte clínica, lo cual hace improbable que sea una creencia de una cultura o una tendencia religiosa en particular. La lógica prohibiría que se encuentre en el ADN, y apoya enfáticamente la opinión del kabbalista de que la conciencia es inmortal y que, con el paso del tiempo, regresará con todos sus recuerdos intactos, aunque inaccesibles. Sin embargo, ¿cuántos de nosotros podemos recordar detalles de nuestro primer año en la Tierra? Todavía menos pueden acordarse de cuando tenían un día de nacido, pero cada dato está ahí como los "BITS" del circuito de memoria de una computadora. Cualquier físico te dirá que la materia es energía, y que la energía no puede ser destruida.

Por lo tanto, podemos decir que cualquier cosa que haya sucedido en nuestras vidas —en esta vida o la última o la anterior a la última— permanece almacenado y viable en el universo.

CAPÍTULO NUEVE

EL PODER DE LA MENTE

Considera este milagro: dos personas, a través del acto sexual, crean a otro ser humano que viene al mundo con un paquete total que incluye todas sus facultades y su potencial en el día de su nacimiento. Sin discutir la presencia del Creador, ¿por qué el ejercicio del poder de Dios depende de la pasión sexual del hombre? Y si las capacidades morales, espirituales y mentales de un niño están presentes en el momento de su nacimiento, ¿por qué son tan diferentes en cada individuo? Éstas oscilan entre la amoralidad y la ignorancia del salvaje y la sabiduría y la ética del santo. Y las diferencias entre sus destinos son invariablemente enormes. Obviamente, la preexistencia del alma y la comprensión de la reencarnación pueden explicar las diferencias entre las personas y sus comportamientos. Todo el proceso físico de la reproducción y el nacimiento está diseñado para proporcionar al alma un cuerpo físico que encajará con las características de esa alma tal como ya existía en una vida previa.

La reencarnación también arroja luz sobre las preguntas que han atormentado a los padres de cada generación, incluyendo el tema de los niños que nacen con deformidades o que mueren siendo todavía muy jóvenes.

¿Cuál es el propósito de una existencia como ésta? ¿Por qué muchos de ellos nacen en suburbios donde la calidad de vida es mínima y la esperanza casi inexistente?

Para responder a estas preguntas con respecto a cada nacimiento que ha tenido lugar o que lo tendrá, miramos una condición específica en un momento específico del tiempo: los pensamientos de los padres durante el acto sexual.

Con el cuerpo de energía proporcionado por la madre, cuya estructura metafísica es negativa, y la energía del alma canalizada a través del aspecto positivo del padre, el poder del pensamiento en el momento en que el esperma se libera determinará la ligereza o la pesadez del cuerpo y el espíritu del niño[29]. Y el pensamiento hará todavía más. Seleccionará el alma en concreto que ocupará el cuerpo de su descendencia al determinar las condiciones medioambientales necesarias para que un alma específica se enfrente a su *tikún*.

Un alma con un *tikún* oscuro y pesado, sujeta en la reencarnación a vivir bajo las duras circunstancias que puedan brindar una oportunidad de equilibrio kármico, se acercará velozmente a pensamientos conceptuales de enojo, frustración y destrucción. El niño nacido de esa unión emocional mostrará cada uno de estos aspectos[30].

Si los pensamientos de un hombre y una mujer son de pura lujuria, motivados únicamente por el deseo de autoindulgencia, su hijo reflejará egoísmo y lujuria, del mismo modo que un niño concebido en un momento de amor profundo y comprensión mutua reflejará esas características positivas. Puesto que cada alma que regresa después de la muerte debe encontrar un lugar en el cual las condiciones sean similares a aquellas que dejó atrás, los padres prácticamente encargan a su descendencia como si la eligieran de un catálogo cósmico.

Así pues, la concepción, que varía entre la furia de la violación forzada y la ternura del acto de hacer el amor de forma elevada, producirá niños que variarán entre los enfurecidos y los justos.

Por supuesto, hay excepciones a esta regla. Algunas almas que tienen su *tikún* completado regresan a este plano con una misión para la humanidad que no tiene nada que ver con el karma personal. Rav Shimón bar Yojái no tenía ninguna razón kármica por la cual caminar sobre esta Tierra hace dos mil años, pero sólo él podía revelar la sabiduría del *Zóhar*[31]. De igual modo, Rav Yitsjak Luria apareció únicamente para interpretar el *Zóhar* y difundir su sabiduría[32].

CAPÍTULO DIEZ

ALMAS GEMELAS

Para el hombre y la mujer promedio convertirse en padres es abrir un canal para un alma que mejorará sus vidas o las hará desgraciadas, dependiendo de cuáles sean sus actitudes en el momento de la creación de ese canal. Es una perspectiva aterradora, y aquellos que no saben nada de Kabbalah o que descartan la reencarnación apuestan con sus propias vidas en el acto de la procreación.

Felices son aquellos que son almas gemelas en una situación como esta, pues las almas gemelas son realmente una sola, y son tan felices en su mutua compañía que ningún pensamiento que no sea el más benigno podría colarse en el acto de hacer el amor.

En el Mundo Sin Fin, antes de que surgiera el Pan de la Vergüenza para ocasionar la Restricción[33], crear la oscuridad y resultar en el mundo en el cual vivimos, todas las almas eran una sola. Pero el *Zóhar* nos dice que el Creador fragmentó cada una de ellas, creando así el masculino y el femenino arriba antes de que Adam y Javá (Eva) se manifestaran abajo[34]. Las almas gemelas son las dos mitades de una única alma que se unen de nuevo, frecuentemente después de haber vagado durante muchas vidas buscándose la una a la otra y cumpliendo con su *tikún*.

Como regla general, las almas gemelas pueden encontrarse y casarse sólo después de haber pagado su deuda kármica, por lo tanto, pocas personas en el mundo en un momento dado están emparejadas con su alma gemela. Aun así, los hombres y las mujeres se conocen y se casan, y no sólo con el propósito de procrear.

De los dos sexos, los hombres son los que tienen más dificultades a la hora de completar su *tikún*. Quizás sean más voluntariosos y obstinados que las mujeres, quienes generalmente logran la corrección de su *tikún* con una sola vida en esta Tierra. Cuando las mujeres regresan, con su deuda kármica equilibrada, suele ser para ayudar a un hombre que está luchando para equilibrar la suya[35]. La ayuda no siempre es amable. A un hombre que ha fracasado repetidamente en lograr la corrección de su alma puede que se le dé una mujer que haga su vida de todo menos agradable. Esto implicaría que cuando ocurren los divorcios y los nuevos matrimonios —a menudo repetidas veces—, ninguna de esas uniones es en vano. Cada una de ellas estaba predestinada con el propósito de que un hombre aprenda cualquier virtud que sólo pueda aprender a través del matrimonio[36].

CAPÍTULO ONCE

LA REENCARNACIÓN Y EL MAL

Vivimos una serie de vidas en esta Tierra, y cada encarnación no es sino una continuación de la que la precede. Así pues, aun una vida corta sirve un propósito, ya sea una lección que el alma del niño necesita aprender o una lección que necesitan las almas de los padres afligidos. Por muy trágicas que puedan ser las circunstancias, nada se pierde nunca y nada se olvida nunca. No importa cuán corta o trágica pueda ser una vida, ésta añadirá algo al valor de la memoria del alma o permitirá el pago de una deuda.

El significado de la reencarnación ilumina el problema del mal. Tanto a judíos como a cristianos por igual se les enseña que Dios es bueno, amoroso, justo y todopoderoso. No obstante, ¿quién de nosotros no se ha preguntado por qué Su mundo está lleno de tantas desgracias e injusticias? Tanto los líderes religiosos como los filósofos han tirado la toalla ante este dilema aparentemente irresoluble y pocos, o hasta ninguno, han buscado la respuesta en la reencarnación.

La respuesta, por supuesto, es que el grado de maldad e injusticia que abunda en esta Tierra no tiene nada que ver con Dios. La guerra, los asesinatos, la violencia, la mentira y la opresión no son el resultado de Su voluntad. Más bien son el resultado de millones de almas que luchan por equilibrar sus deudas kármicas sin conseguirlo. Ahora, en la Era de Acuario, con la reducción del tiempo hasta la llegada del Mesías y la expiración del orden antiguo, las almas cargadas de maldad y desesperadamente necesitadas de corrección antes de que sea demasiado tarde están acudiendo en masa a este plano terrenal. Por consiguiente, no es sorprendente que el mal se mueva notoriamente y que las cosas parezcan estar peor que nunca.

La ciencia, por supuesto, incapaz de encontrar pruebas empíricas de la reencarnación, rechaza la respuesta obvia y continúa insistiendo en que el crimen nace exclusivamente de las condiciones sociales y económicas, y que el comportamiento y el carácter humano son únicamente resultado de la herencia genética. Sin embargo, mientras que un niño puede parecerse físicamente a sus padres, con frecuencia se hacen evidentes grandes diferencias en cuanto su fibra moral y su actitud inherente. Estos puntos no pueden explicarse a través de la herencia genética, ni tampoco el hecho de que los padres pueden parecer ejercer una gran influencia sobre un niño y ninguna en absoluto sobre otro. Las diferencias entre los seres humanos no son debidas al favoritismo Divino ni al funcionamiento oculto de las leyes de la herencia genética física. Más bien están basadas en las diferencias entre una y otra alma, y tales diferencias nunca se nos entregan de forma indiscriminada. Nosotros mismos somos los que traemos nuestras propias características a nuestro ser. Somos autoevolucionados. El mal está presente para que podamos elegir entre el bien y el mal. A través del libre albedrío podemos obtener mérito por nuestras acciones. De otra forma, si sólo existiera el bien, seríamos autómatas.

Capítulo Doce

El hombre que regresó como su sobrino

No hay ninguna otra ciencia que pueda beneficiarse más de los secretos de la reencarnación humana que las distintas ciencias conductuales que, a pesar de sus avances en las últimas décadas, siguen todavía perplejas ante el hecho de que miles de camas de hospital sigan ocupadas por los llamados "enfermos mentales". No obstante, al menos hasta el momento, la reencarnación sigue viéndose con malos ojos y considerándose indigna de ser investigada científicamente, además de ser percibida como enemiga de la religión, la cual teme su esencia como una amenaza al sello de la culpa. Sin embargo, hay casos que ilustran su verdad más allá de la mera argumentación teórica.

Uno de estos casos empezó un bonito día de verano en julio de 1978, cuando recibí una llamada telefónica en nuestro apartamento de Ramat Gan, en Israel. "Nuestra familia debe tener un encuentro con usted inmediatamente", lloraba la frenética Sra. R.B., una estudiante de nuestro Centro de Beer

Sheva. "La muerte accidental o el posible asesinato de nuestro hermano sigue atormentándonos, y nuestra madre cada vez tiene una actitud más mórbida hacia la vida. Ella quiere saber, de una vez por todas, si su hijo se suicidó, si fue asesinado intencionalmente por su mejor amigo o si éste le disparó accidentalmente".

A medida que se fue desarrollando la historia, supe que el joven fue encontrado muerto once meses antes, y tras una investigación exhaustiva la policía había cerrado el caso sin llegar a ninguna conclusión con respecto a las circunstancias de su muerte.

Concerté una cita con todos los familiares inmediatos. Sentí que todo aquello era necesario para proporcionar cualquier fragmento de información que, en muchos casos, podía parecer de poca o ninguna importancia, pero que a menudo creaba las piezas perdidas en el rompecabezas humano. Nada más empezar dejé claro que nuestra investigación nos llevaría a una confrontación directa con los últimos 300 años de especulación sobre la naturaleza del hombre.

La antigua postura kabbalística es que el ser humano consiste de una mezcla mística de materia física y espíritu intangible. Extrayendo del *Zóhar*[37] y de *La puerta de las reencarnaciones*[38] de Rav Yitsjak Luria, he llegado a la conclusión de que la individualidad de los humanos no es el resultado de su código genético único, sino que la estructura del ADN personal es el resultado del alma metafísica, individual e inmortal que se manifiesta a través del individuo físico.

La misma relación existe entre la semilla y árbol. Todo el estado potencial del árbol existe claramente en la semilla mucho antes de que se manifieste en hojas y ramas.

Operando desde esa proposición, empezamos a unir todas las piezas en un intento de responder la pregunta sobre la trágica y prematura muerte del joven.

Obviamente, la mayor parte de la información que iba a recopilar en el trascurso de nuestra misión de encontrar hechos parecería tener poca relevancia o ni siquiera estar remotamente conectada con el misterio. Sin embargo, estaba seguro de que la inteligencia no material e inmortal del alma era capaz de influenciar la materia y que esto nos proporcionaría una información técnica crucial, tal como establecen las leyes y los principios del concepto del *tikún* en la reencarnación.

En la mañana del 19 de agosto de 1978, Arié, soldado del ejército israelí y residente de Beer Sheva, salió de su casa con su mejor amigo para disfrutar de su día libre y escapar un poco del abrasador calor veraniego. Hacia las 3:30 p. m., Arié había muerto.

Su amigo fue encontrado en la carretera en un estado de shock y confusión. Todo lo que pudo decir a un transeúnte fue que su amigo, Arié, estaba muerto por una herida de bala, pero cómo y por qué había sucedido era un misterio, pues no recordaba los acontecimientos que habían precedido a la tragedia. Una investigación policial de seis meses no esclareció más el asunto. ¿Se había suicidado Arié? ¿Su amigo le había disparado accidentalmente? ¿Había sido asesinado? La policía no podía saberlo con certeza. Para averiguar la verdad, lo primero que hice fue confirmar el nombre bíblico correcto de la víctima y su fecha de nacimiento basada en el calendario lunar hebreo.

Averigüé que Arié había nacido en el noveno día del mes hebreo de *Jeshván*, que en aquel año correspondía a la fecha civil del 12 de noviembre de 1958. El nombre Arié en hebreo significa "león" e irónicamente había muerto en el mes cósmico de Leo.

Sin nada más en lo que basar mi investigación, continué planteando a los miembros de su familia una pregunta insignificante tras otra con la esperanza de que de aquel laberinto surgiera el pensamiento o acontecimiento sobre el cual podía girar nuestro misterio. Llegó cuando el hermano del fallecido mencionó que había puesto el nombre a su hijo en honor del asesinado Arié.

"¿Cuál es la fecha de nacimiento de su hijo?", le pregunté.

"El 29 del mes hebreo de *Nisán*", dijo.

Apenas pude contenerme, puesto que aquella era la pista que estaba buscando.

En aquel momento recordé un principio del proceso del *tikún* de la reencarnación que se menciona en *Los escritos del Arí*, en el cual habla sobre las consecuencias del homicidio accidental[39] teniendo en cuenta el conocimiento del alma de vidas pasadas y los requerimientos de su *tikún*. De la misma forma que el ADN físico determina el color de los ojos de un individuo, el ADN metafísico puede determinar la perpetración de un asesinato.

> *"¿Por qué y qué determina, dirige y da lugar a las circunstancias que rodean un asesinato no premeditado o un homicidio accidental?", pregunta el Arí. Basándose en un versículo de Éxodo, concluye que la muerte accidental puede haber sido predeterminada y las circunstancias que la rodean ser ya conocidas. La Biblia afirma: "(Si un hombre mata a otro) Pero si no estaba al acecho, sino que Dios permitió que cayera en sus manos, entonces yo te señalaré un lugar donde pueda refugiarse"*[40].

El Arí menciona que el pasaje contiene una contradicción aparente. Si el golpe fatal fue un accidente, ¿qué significa "Dios permitió que cayera en sus manos"? El pasaje implica que el asesinato en cuestión fue predeterminado por una inteligencia previa.

Lidiando con el código genético metafísico como un científico lidia con las fuerzas que dirigen el crecimiento y el comportamiento de los sistemas físicos vivos, el Arí afirma con osadía que la víctima citada ya era un hombre condenado antes del asesinato y que el accidente fue una oportunidad para proporcionar a la víctima una reencarnación lo más temprano posible.

"Asimismo", dice el Arí, "mediante la metodología de las letras kabbalísticas, el momento más apropiado para que las víctimas de asesinato no premeditado regresen por motivos de *tikún* es durante el mes hebreo de *Elul* (Virgo)"[41]. En su revolucionario estudio del proceso de *tikún*, el Arí estableció una infraestructura del código del ADN metafísico que era profundamente influyente sobre el medioambiente así como sobre los procesos biológicos.

Puesto que Arié no había llegado a cumplir los 20 años, esto indicaba que no podía haber encontrado su muerte como resultado de una mala acción por su parte ya que, según la interpretación *talmúdica*[42], nadie con menos de 20 años de edad puede ser condenado a muerte por asesinato premeditado. Por consiguiente, su muerte sólo podía ser el resultado de un principio en el proceso de *tikún* de la reencarnación.

Por consiguiente, procedí a calcular el momento de la concepción del hijo del hermano de Arié después de su muerte, y para mi sorpresa descubrí que la concepción tuvo que haber ocurrido en el mes de *Elul* (Virgo). El hijo, Arié, había nacido en la fecha civil del 26 de abril de 1979, o la fecha hebrea del 29 de *Nisán*, lo cual implicaba que la fecha de concepción había sido en el mes de *Elul*. Esto, sumado al hecho de que el niño se llamaba Arié, indicaba que los dos Arié eran el mismo, el mayor reencarnado en la forma del hijo de su propio hermano.

Esta conclusión, y las circunstancias que la rodeaban, dieron respuesta a la pregunta de la familia afligida. Su hijo no se suicidó, ni fue la víctima de un asesinato premeditado. La prueba de este argumento se encontraba en la concepción de un nuevo, aunque antiguo, Arié en el mes hebreo de *Elul*, junto con el hecho de que el niño llevara el mismo nombre de la víctima, lo cual es un resultado directo formulado por el proceso de *tikún* a través del cual la inteligencia metafísica superior del alma estructura el entorno, así como el proceso biológico de evolución y desarrollo.

El efecto de esta explicación sobre la familia fue profundo. El espíritu del fallecido y el recién nacido Arié generaron una conciencia moral de intensidad suficiente como para alterar sus vidas y hacer que fueran más amorosos los unos con los otros.

Un punto final que prueba que no hubo ningún suicidio podría aplicarse sólo al concepto de la reencarnación. El *Zóhar*[43] afirma que el suicidio es un crimen condenable con la muerte. En un sentido físico el antiguo Arié había fallecido, pero ahora estaba vivo en el espíritu del joven niño que llevaba su nombre.

CAPÍTULO TRECE

RECORDAR VIDAS PASADAS

Puede que ahora podamos ver que la reencarnación es intrínseca a cada uno de nosotros y que nos incumbe a todos utilizar sus preceptos para mejorar los frutos de nuestras vidas. Hay muchas avenidas a través de las cuales puede lograrse esa mejora, y la memoria es una de ellas. De hecho, recordar vidas pasadas es una prueba contundente de la validez de la reencarnación. También es la prueba más difícil de conseguir, puesto que pocos de nosotros podemos invocar tales recuerdos a voluntad.

No obstante, el hecho de que no podamos recordar una existencia previa no prueba que no exista una vida pasada, de la misma forma que el hecho de que no podamos recordar lo que desayunamos la semana pasada no prueba que no lo comiéramos. La mayoría de nosotros no puede recordar los primeros cuatro años de su vida a pesar de que esos cuatro años sean los más importantes en el desarrollo de lo que seremos en los años siguientes.

Según el *Zóhar*[44], la mente, o en otras palabras el cerebro físico, nunca olvida nada. No hay desaparición de ninguna materia en lo que concierne a la metafísica o el espíritu. Del mismo modo que los satélites de hoy en día monitorizan y registran casi cualquier cosa que se mueve en la Tierra, el cerebro es también una cámara que lo ve todo y que registra todo lo que ocurre en la vida de su alma.

El problema radica, como dirían los técnicos informáticos, en el acceso a los datos. Los esfuerzos por conseguir este acceso han tomado dos formas predominantes en las últimas décadas: la meditación y la hipnosis. Sin embargo, desde el punto de vista kabbalístico, la hipnosis no funciona.

Hace unos años, la hipnosis adquirió una gran respetabilidad como herramienta con la cual investigar vidas pasadas cuando un joven investigador, mientras hacía una regresión al pasado de la vida de su paciente, supuestamente la llevó más allá del nacimiento y descubrió a "Bridey Murphy". Bajo hipnosis, la mujer a la que estaba tratando le relató con detalles una vida previa en Irlanda, recordando hechos que ella no podía saber e incluso hablando en gaélico, una lengua que ella nunca había estudiado.

El mundo quedó atónito ante la noticia de este acontecimiento, pero una investigación posterior acabó descartando la historia. No tenemos espacio aquí para repetir los detalles de lo que acabó conociéndose como "La búsqueda de Bridey Murphy", pero aun así, la lógica nos dictaría que la hipnosis, en su sentido más oficial, no podría proporcionar una verdadera experiencia extracorporal. Una vez que un individuo está fuera de su cuerpo y deja de estar gobernado por las leyes del tiempo, el espacio y el movimiento, tiene acceso al tiempo que no está gobernado por este plano de la existencia. El individuo bajo hipnosis puede sentirse disociado de su cuerpo, pero aún está respondiendo a las preguntas y sugerencias del entrevistador. La conexión de las palabras físicas no puede venir a través del cuerpo astral. Sólo si hay una subyugación total del cuerpo físico —una negación completa de éste— puede obtenerse conocimiento de encarnaciones pasadas.

No obstante, la meditación es un método que puede subyugar al cuerpo físico. La meditación puede ser utilizada para explorar vidas pasadas, para orar de forma efectiva o simplemente para relajarse y escapar de los peligros de la tensión mediante la relajación el cuerpo, aquietando la mente y apagando el flujo incesante de parloteo interior con el cual la mente está constantemente inundada.

Hay suficientes formas y variaciones de meditación kabbalística para llenar un libro, pero sin entrar en detalles, podemos ofrecer aquí una descripción general de la práctica.

Una buena forma de empezar cualquier meditación es pasar unos minutos preguntando en silencio: "¿Qué quiero?". A nivel superficial la mayoría de nosotros diríamos rápidamente que sabemos lo que queremos, pero es una pregunta que raramente nos hacemos y pocas veces respondemos, pero que finalmente nos llevará a controlar nuestra mente y abrir la puerta a una conciencia cósmica superior.

La mayoría de nosotros vamos por la vida permitiendo que nuestros cuerpos, como robots que son, manejen prácticamente cada función vital, pero hay un alma dentro y con muy poco esfuerzo puede tomar el control. Es como un hombre que saca a pasear a su perro; el perro, si no se domestica, se adelanta y parece ser el que guía, pero constantemente se detiene y mira hacia atrás para asegurarse de que su dueño lo está siguiendo. Lo mismo se aplica al cuerpo y el alma, y con sólo un poco de determinación, el alma puede dejar el cuerpo para viajar y regresar en el tiempo.

Durante mucho tiempo, el *Zóhar* ha sostenido lo que Elisabeth Kübler-Ross y sus colegas han afirmado recientemente en sus estudios sobre la muerte clínica y la recuperación: cuando el alma deja el cuerpo viaja a través de un largo túnel.

Según el *Zóhar*[45], ese túnel lleva hasta Hebrón, en Israel, y la cueva de Majpelá donde Avraham, Yitsjak, Yaakov e incluso Adam y Javá están enterrados. Pero uno no tiene que estar físicamente muerto para viajar hasta allí. Cualquier experiencia extracorporal que se logra a través de la meditación lleva al alma por la misma ruta.

Por lo tanto, para viajar atrás en el tiempo a otras encarnaciones, el meditador sólo necesita visualizar el túnel, asegurándose de que se detiene tan pronto como ve luz abajo, al final de éste. Recorrer todo el camino y abandonar el túnel donde la luz marca sus límites es abandonar el cuerpo en la muerte, por consiguiente, hay una medida potencial de peligro en esta meditación. Supuestamente, algunos han sido incapaces de regresar. Personalmente, sólo he conocido una persona que tuvo dificultades en su regreso, y sigo creyendo que este método, si se maneja con prudencia, es uno de los mejores.

Sin embargo, aun sin la meditación, nuestras vidas abundan en pistas de lo que ha sucedido antes, y una de las pistas más reveladoras es la experiencia del miedo.

La mayoría de nosotros estamos acosados por uno o más miedos irracionales e infundados. Las alturas nos dan vértigo, los lugares estrechos nos afligen con pánico claustrofóbico y un gato nos hace temblar. Algunas de estas fobias pueden volverse tan intensas en algunas personas que se fusionan en una pantofobia, algo tan incapacitante que aquellos que la sufren ni siquiera pueden soportar salir de sus casas.

La palabra "infundado" es un excelente adjetivo porque significa que todavía no hemos encontrado la razón en las que estos miedos están "fundados", pero son un buen indicio de acontecimientos sucedidos en una encarnación previa. Aunque comprensiblemente cualquier víctima querría liberarse de sus fobias, los miedos en sí mismos contienen información valiosa y no deben ser expulsados con terapia hasta que hayan sido cuidadosamente examinados.

Aunque la meditación debe empezar con la pregunta: "¿Qué quiero?", una meditación para superar una fobia debe empezar con la pregunta: "¿Por qué realmente tengo este miedo?".

Con sólo plantear la pregunta plantamos la semilla de la respuesta. Pero lo que está oculto no es la información en sí misma. Lo que está oculto es el deseo de solicitar la información. Explóralo y empezarás a progresar en el alivio del miedo a través del recuerdo de lo que lo causó. Revivir es liberar.

CAPÍTULO CATORCE

DESCIFRAR EL CÓDIGO

E l *Zóhar*[46] dice: "Ahora es apropiado revelar misterios conectados con lo que está arriba y lo que está abajo". Por consiguiente, descubrimos que la Torá es un código, puesto que oculta. El *Zóhar*[47] dice:

> *"Pues no hay obra del Santísimo más recóndita, pero Él la ha registrado en la Torá. Y la Torá la ha revelado en un instante. Luego la viste inmediatamente con otras ropas para que esté oculta ahí y no se muestre a sí misma. Pero los sabios cuya sabiduría les hace tener muchos ojos, ven más allá de la vestimenta hasta la misma esencia de la palabra que está oculta cerca. Y cuando la palabra se revela momentáneamente en ese primer instante del cual hemos hablado, aquellos cuyos ojos son sabios pueden verla, aunque pronto es ocultada de nuevo".*

El hebreo no es meramente un idioma para la conversación judaica. Cada palabra es una vasija de poder y energía. Aun traducido al español, gran parte del significado sigue estando ahí. Leemos en el *Zóhar*[48]:

> *"Y la letra Bet se presentó ante el Creador y dijo: 'Mi Señor, creo que lo mejor para Ti es crear dentro de mí la totalidad del mundo porque dentro de mí el mundo entero será bendecido, tanto el Mundo Superior como el Mundo Inferior, pues la letra Bet significa bendición'. Y el Santísimo le respondió y dijo: 'Por supuesto, a través de ti crearé el mundo y serás el principio de la Creación y dentro de ti estará la Creación entera'".*

Resulta difícil entender cómo una letra —una letra hebrea— puede ser un vehículo para la creación de un mundo entero, pero uno sólo necesita mirar de cerca una semilla para determinar si es la semilla de un hombre o de un manzano. Lo que observamos en este diminuto elemento es que, al plantar cualquier semilla, los efectos serán enormes y su potencial infinito. Si tomáramos una simple palabra y describiéramos todo lo que representa para nosotros, podríamos llenar libros con nuestras descripciones.

De todas las multifacéticas experiencias que hemos atravesado y todos los pensamientos que han llenado los corredores de nuestra mente, ¿qué nos queda? Generalmente una breve recolección —un resumen— en el mejor de los casos, y sólo gracias a estas recolecciones y resúmenes somos conscientes de que hemos vivido cualquier tipo de experiencia. No obstante, a través de esas experiencias, las lecciones que se extraen quedan grabadas de forma indeleble sobre la conciencia, sea o no recordada la herramienta con la que se grabó.

Cuando estás leyendo, ¿te has preguntado alguna vez cómo es que puedes comprender las ideas transmitidas en las palabras impresas? ¿En qué momento aprendiste realmente acerca del significado de las palabras y la estructura de las oraciones? Los detalles son irrelevantes y la mente probablemente los ha arrojado a la basura. Lo importante es que puedes leer.

La persona común es muy consciente de que si pone un dedo en un tomacorriente sufrirá una descarga eléctrica, pero lo más probable es que se haya olvidado del dolor —por muy vívido que fuera en aquel momento— que le enseñó esa lección. No necesita evocar la experiencia mientras la lección que le subyace siga estando ahí. Este punto también es cierto para cualquier aspecto de la personalidad. De la misma forma que hemos aprendido a no poner en peligro nuestros dedos con tomacorrientes, también hemos aprendido a no mentir, engañar o robar. Puede que hayamos tenido que aprender y reaprender algunas de estas lecciones para hacerlas parte de nosotros, pero si la lección permanece, los medios a través de los cuales se adquirió son irrelevantes.

Lo mismo ocurre con la reencarnación. Argumentar que las vidas pasadas nunca existieron sólo porque no hay recuerdos de éstas es como afirmar que las ondas de radio no existen porque no podemos verlas. Puede que el recuerdo de encarnaciones pasadas no esté al alcance de nuestra mano, pero está ahí. Todo lo que tenemos que hacer para alcanzarlo es limpiar el óxido que se ha acumulado dentro de nuestras computadoras metafísicas. Con la memoria restaurada, podemos recordar y entender encarnaciones pasadas y, por consiguiente, clarificar y explicar la vida presente.

Hemos perdido la capacidad de ver las cosas como realmente son, y con esa pérdida ha desaparecido la capacidad de familiarizarnos plenamente con nuestras vidas pasadas. Como resultado, nos sumergimos ciegamente en la vida presente utilizando la información que obtuvimos en el pasado sin la más mínima conciencia de que la estamos aplicando.

Si la herencia genética fuera la única clave del comportamiento humano, los gemelos idénticos se comportarían de forma idéntica; pero puede que uno de los gemelos se incline por el arte y el otro por las matemáticas. Uno puede ser perezoso, mientras que el otro puede ser imposible de controlar. Estas diferencias nos conducen a preguntas sobre la influencia de la herencia genética y la contribución de la reencarnación. De las dos, la reencarnación es la que proporciona la mayoría de respuestas que los padres buscan cuando, de una u otra forma, sus hijos se descarrían. Esta información puede aliviar una enorme cantidad de culpa inútil.

La paradoja de la divergencia entre padres e hijos es muy antigua. En la Biblia[49], se nos dice: "Estas son las generaciones

de Téraj: Téraj fue padre de Avram, de Najor y de Harán...".
Aquí vemos que Téraj era el padre de Avraham, pero los sabios
del *Talmud* dicen que Téraj era un adorador de ídolos y un
hombre malvado. Pero entonces, ¿cómo pudo engendrar a un
hijo que creció para convertirse en el padre de la nación judía?
Avraham era tan puro y maravilloso, tan inteligente e
iluminado, que aprendió a combinar el mundo físico con el
mundo metafísico y a operar en ambos, una hazaña lograda
sólo por seis de los que le siguieron: Yitsjak, Yaakov, Yosef,
Moshé, Aharón y David.

¿Cómo pudo un hombre tan miserable de mente y espíritu
como Téraj ser el padre de una dinastía como esta?

La Torá[50] nos presenta la situación inversa en Yaakov y Esav,
aun cuando crecían en el vientre de Rivká:

> *Los hijos luchaban dentro de ella y ella dijo: "Si esto
> es así, ¿para qué vivo yo?". Y fue a consultar al
> Eterno. Y el Eterno le dijo: "Dos naciones hay en tu
> vientre, y dos pueblos se dividirán desde tus entrañas;
> un pueblo será más fuerte que el otro, y el mayor
> servirá al menor". Cuando se cumplieron los días de
> dar a luz, había mellizos en su vientre.*

La historia de Rivká es un manto que oculta los secretos más
profundos de nuestro universo o, dicho de otra forma, los
secretos de la reencarnación y de las fuerzas subyacentes que
guían cualquier acontecimiento humano. Proporciona una
explicación a una situación familiar demasiado común, en la

que dos hermanos se odian mutuamente, o un hijo odia a su padre, o una madre y una hija están enfrentadas. Lo más probable es que en realidad no estén emparentados de ninguna manera. En su lugar, los involucrados están representando una contienda que empezó y se alimentó en una vida pasada y que se trae a esta vida para ser concluida.

PARTE TRES

EL PENSAMIENTO DE LA REENCARNACIÓN

CAPÍTULO QUINCE

EL PROPÓSITO DE LA REENCARNACIÓN

Hay muchas escuelas de pensamiento con relación al propósito de la reencarnación. Es obvio que es para la mejora del alma, pero algunos añadirían que la educación del alma y el deseo inherente de crecimiento del alma son de igual importancia. Este no es el caso. La experiencia es la fuerza que nos impulsa a regresar. Es la semilla del deseo de conocimiento, el anhelo de relacionarnos en el ajetreo de la existencia física, en lo cual se basa el deseo de educación.

Para muchos, cuyas vidas son deprimentes y difíciles, el deseo de crecimiento del alma puede parecer inconcebible, pero es sólo la saciedad lo que da lugar a una falta de deseo. Por consiguiente, sólo se puede esperar un final del ciclo de la reencarnación cuando el alma ha crecido lo suficiente como para dejar de tener el deseo de renacer. Nuestra conciencia en vigilia es sólo una porción de nuestra conciencia real. Nuestro ser más profundo se da cuenta de la necesidad de aquello que a nuestro ser superficial le importa muy poco.

Aquellos que no conocen la Kabbalah pueden argumentar que la conciencia física, estando limitada en su perspectiva y viendo sólo el estrecho horizonte de una sola vida terrestre, no desea renacer; pero la conciencia del alma, que tiene un objetivo espléndido a la vista, está ansiosa por regresar.

Desde un punto de vista kabbalístico, lo opuesto es verdad. Es el deseo del alma de permanecer en un estado puro de conciencia —sin tener que recurrir a la existencia física en un cuerpo con todas sus limitaciones— lo que se resiste a renacer.

El alma es una fuerza metafísica que crea vida dentro de nosotros. Cuando el alma deja el cuerpo crea la muerte, puesto que en el cuerpo en sí no hay vida. Por lo tanto, el alma y el cuerpo están en un estado constante de lucha.

Sin embargo, cuando hablamos del cuerpo y el alma no estamos hablando de energías físicas. El cuerpo es una entidad física, pero hay una fuerza impulsora en su interior, algo que está más allá de la intervención de las células y de la composición genética que lo hace crecer y funcionar. La fuerza se llama energía corporal y sólo puede definirse como el Deseo de Recibir para Sí Mismo[51], que es la raíz de todo mal.

Esta energía corporal puede desactivarse sólo si puede integrarse con algo que es similar a ella misma y, por lo tanto, convertirse en parte del todo y perder su identidad separada. Su energía es la misma que la energía de la Tierra que, con la fuerza de su gravedad, desea engullir todo lo que está a su alcance. Así, el cuerpo intenta siempre regresar a su verdadero hogar, que es la Tierra.

Sólo el alma proporciona la fuerza que puede integrar la energía corporal en el todo y convertir el todo en un Deseo de Recibir para Compartir[52], y cuando eso ocurre, el alma ha cumplido su destino al equilibrar su *tikún*. Cuando eso sucede, el cuerpo muere. Pero en una persona verdaderamente justa, la energía corporal y la energía del alma se vuelven indistinguibles y la desintegración del cuerpo deja de ser necesaria. Para la mayoría, el cuerpo debe desintegrarse porque mientras siga existiendo puede mantener sujeta al alma que quizás se haya ganado su liberación. El cuerpo de una persona justa deja de estar envuelto de maldad y, de hecho, no se descompone ni en la tumba.

No obstante, como entidad metafísica, el alma —haya alcanzado o no la corrección— no tiene el deseo inherente de morar en el mundo lineal y mundano del cuerpo, y una vez allí inevitablemente desea partir. Los psiquiatras tienen un calificativo para este fenómeno, que todos compartimos en mayor o menor grado. Lo llaman "el deseo de morir". La descripción es acertada. Simplemente no conocen su origen, que puede ser descrito como el conflicto entre dos visiones opuestas del mundo.

La visión del mundo del alma está anclada en el Deseo de Recibir para Compartir, y esta visión se traduce como la bondad que se halla en una u otra medida en casi todos los que respiramos. No obstante, el cuerpo solamente existe para recibir para sí mismo. Come, bebe, acumula, satisface sus vicios solitarios y no comparte con nadie. Hasta la fuerza gravitacional inexorable de la Tierra bajo la cual camina alimenta su deseo, tirando del alma hacia abajo, restringiéndola y constriñéndola. Las crisis nerviosas o mentales, según el punto de vista kabbalístico, no son más que manifestaciones de esta batalla constante entre el Deseo de Recibir del cuerpo y el Anhelo de Impartir del alma. Cuando el cuerpo oprime al alma, corta el flujo de energía positiva sin el cual el alma no puede sobrevivir. A menudo las últimas palabras de una víctima de suicidio son: "No soporto[1] más". Cuando el alma no puede "soportar"[2] más de lo que la vida le da en sus propios términos, debe partir.

En efecto, es probable que ninguno de nosotros sobreviviera si no se nos hubiera dado el dormir. ¡Y qué gran regalo! Sólo durante esas horas de inactividad física el alma puede salir del cuerpo y regresar cada noche a su lugar de origen para recargarse para el combate que vendrá cuando acabe su descanso. Sin el sueño, el cuerpo destruiría el alma rápidamente.

Este punto no necesita un argumento metafísico, puesto que ha sido empíricamente probado mediante experimentos y en la experiencia humana. Las personas que se someten deliberadamente a una privación del sueño a menudo empiezan a alucinar. Las emociones se vuelven frenéticas. La coordinación física se desvanece. De forma similar, aquellos que sufren de insomnio se encuentran exhaustos aunque hayan permanecido en la cama ocho horas cada noche.

---

[1] (N. de T.) En Inglés dice "I can't take it" que tiene doble significado, "no soporto mas" y "no puedo tomar o recibir mas de algo".
[2] Ibid.

El problema no es tanto una cuestión de privación del dormir sino de privación de soñar, pues los sueños son manifestaciones de la conciencia cósmica en la que fluye todo el conocimiento, libre de la avaricia del cuerpo. Sólo en el terreno cósmico en el que entramos durante el sueño puede el alma recibir la recarga periódica que necesita para seguir funcionando. En el proceso, el alma frecuentemente revive encarnaciones pasadas, a menudo convirtiendo esos acontecimientos en reveladores símbolos de sueños mientras el alma deambula libre fuera de las limitaciones del tiempo, el espacio y el movimiento.

El alma, al entrar en el cuerpo, es como un hombre al que encarcelan. Está encerrada, incapaz de ejercer su influencia como desearía. Está obligada a atenerse a las leyes y los principios del universo físico, de igual forma que un prisionero está obligado a atenerse a la ley de la prisión. Pero sólo aquí puede tener la esperanza de completar su *tikún* y, de este modo, de ganarse el descanso eterno y la purificación en el mundo cósmico en la presencia de su Creador.

Por consiguiente, puede verse cómo el deseo de educación o crecimiento del alma no son los factores motivadores que llevan a un alma a venir a este mundo una y otra vez.

CAPÍTULO DIECISÉIS

EL LIBRE ALBEDRÍO

Hay muchas razones para la reencarnación, pero una de las motivaciones principales del alma es su hambre de libre albedrío. Su origen es tan antiguo como el tiempo mismo. Uno de los principios fundamentales de la Kabbalah es una condición conocida como Pan de la Vergüenza[53]. Todos comimos de él en el Mundo Sin Fin, donde nuestras almas fueron creadas mucho antes de que existieran estrellas, planetas o galaxias.

Nuestras almas fueron creadas sólo por una razón: el Creador tenía un Deseo de Compartir. Pero cuando el Creador estaba solo, el compartir no podía darse. No había vasijas para sostener la abundancia infinita que emanaba de Él, así pues, sin nada más que deseo, creó vasijas —que son nuestras almas hasta el día de hoy— como el Deseo viviente de Recibir de Su elevada Luz.

Durante mucho tiempo más allá de nuestra comprensión lineal, nuestras almas hicieron solamente eso. Recibían con ningún otro motivo que el de recibir para ellas mismas. Pero a medida que eran llenadas, empezó a desarrollarse un nuevo anhelo que las puso en una trayectoria de colisión con el Creador. De repente, emulando al Creador, nuestras almas desarrollaron un Deseo de Recibir para Compartir. Pero entonces se vieron enfrentadas al mismo dilema al que se enfrentó el Creador Mismo antes de crear a Sus vasijas. Estando cada alma plena, no había nada ni nadie con quien compartir.

Por consiguiente, hubo Pan de la Vergüenza; vergüenza de recibir tanto y no dar nada a cambio; vergüenza de estar en una posición en la cual el alma no tenía la oportunidad de decir sí o no al Creador y, mediante el ejercicio de su voluntad, probarse digna de recibir y así disolver la vergüenza.

La vergüenza llevó a la rebelión: un rechazo masivo de la beneficencia del Creador. Cuando eso sucedió, la Luz del Creador se retiró, la oscuridad y los mundos impuros fueron creados y todo se volvió finito, o limitado, y por lo tanto con necesidad de recibir[54]. Con esos mundos vinieron estos cuerpos de barro —vasijas que desean sólo recibir para ellas mismas— en los cuales reside nuestra alma. En esta dimensión, nuestra alma se esfuerza eternamente por compartir en contra de la energía del cuerpo.

Por consiguiente, puede verse que el alma desea un cuerpo y una estancia temporal en este mundo limitado, no para la experiencia o la educación sino con el único propósito de estar en la posición de elegir poder decirle al Creador: "Tengo un Deseo de Recibir para Sí Mismo o con el Propósito de Compartir, y puedo ejercer cualquiera de las dos opciones según yo elija". Cuando elegimos egoístamente ejercer el deseo del cuerpo, cortamos toda la beneficencia del Creador. Pero al menos la elección es libre.

En el Mundo Sin Fin, el alma no tenía ninguna elección que hacer ni ninguna oportunidad de compartir, puesto que todas las almas del Mundo Sin Fin estaban plenas. Sin embargo, en este mundo limitado, hay muchas otras almas con quienes compartir o rechazar según deseemos. Al entrar en este mundo, el alma tiene la oportunidad de luchar contra la energía corporal que dice: "No compartas con nadie, recibe sólo para ti mismo", y al hacerlo, demostrar su valor.

Aprender a compartir, al tiempo que rechazamos la avaricia que quiere "tomarlo todo", se convirtió así en la misión del alma en esta vida; y en vida tras vida, dependiendo del progreso del alma hacia ese objetivo. Kabbalísticamente hablando, alcanzar ese objetivo se llama hacer un *tikún* o corrección del alma.

No hay nada automático en el aspecto de compartir. Sólo puede llevarse a cabo como una función del libre y consciente albedrío. Un hombre que está bebiendo café de una taza que tiene un agujero en el fondo, a través del cual va cayendo el café, no está compartiendo lo que no bebe. Para renunciar a parte del café —es decir para compartirlo— debe tener el control sobre la totalidad de éste y una oportunidad de elegir si guarda un poco para otra persona o lo guarda todo para él mismo. Al no tener control sobre éste, no lo acepta ni lo rechaza (comparte).

Este concepto se halla en el seno del judaísmo. Pero desde el punto de vista kabbalístico no tiene nada que ver con la religión. La fe tiene poco que ver con la reencarnación. No se trata de poner fe en Dios sino más bien de poner fe en un sistema que nos enseña a recibir. "Recibir" es el significado literal de la palabra *Kabbalah*[55].

Nosotros, no el destino, somos los que dictamos cada acontecimiento de nuestras vidas. Las influencias negativas pesadas —y todos nos las encontramos en algún momento— no son causa de desesperación, sino sólo el aviso de que uno debe caminar con cautela y evitar riesgos innecesarios en un período peligroso. Desde el punto de vista kabbalístico y kármico, el individuo tiene siempre el control. Cuando nos aflige el dolor, el sufrimiento y la tragedia, es sólo porque los hemos ordenado en una encarnación previa y ahora debemos eliminar los defectos que representan para que nuestras almas puedan progresar.

No existe tal cosa como el castigo en el proceso de *tikún*. Su único propósito es llevar al alma hacia la purificación.

El mundo está lleno de aquellos que han llevado su dolor acompañante con nobleza. Hellen Keller, aunque era sorda y ciega, tuvo probablemente más plenitud en su vida que la mayoría de nosotros, que tenemos oídos, pero no podemos escuchar, y ojos, pero no podemos ver.

Esta vida es sólo una estación. No es todo el camino, y 70 o 120 años en esta Tierra es sólo un abrir y cerrar de ojos. La única razón por la que un alma desea pasar una temporada aquí es para tener la oportunidad de ganarse el derecho de recibir la beneficencia del Creador. Pocas veces nos ganamos ese derecho en una sola vida.

Capítulo Diecisiete

El circuito metafísico

Siempre que recibimos con la intención de compartir estamos rechazando parte de lo que recibimos, creando así una resistencia. Esto a su vez crea la vasija a través de la cual se revela la energía del alma. Esta energía no se crea; está ahí, todo el tiempo, esperando llenar el alma.

Cuando la beneficencia del Creador, que los kabbalistas llaman "Luz", fue rechazada por primera vez en el Mundo Sin Fin, la energía del Creador se retiró (no en el sentido de movimiento, pues en un sentido metafísico la Luz es una constante que nunca se mueve), y lo hizo mediante la falta de una vasija para revelarla. Si una habitación está oscura, significa que nadie ha encendido el interruptor para completar el circuito eléctrico y revelar la luz. La luz está ahí todo el tiempo, esperando. Los átomos están ahí y toda la estructura de energía está ahí, pero sólo cuando se enciende el interruptor se crea la vasija que la revelará.

Por consiguiente, todas las almas tienen un propósito único y común cuando entran en un cuerpo para dar un breve paseo por esta o aquella vida. Están en este plano terrestre para crear vasijas que revelarán la Luz. La energía ya está dentro de nosotros, pero si no la revelamos nos sentimos insatisfechos. En el momento en que creamos una vasija que revela la Luz, nos sentimos satisfechos.

Podemos crear el circuito de energía necesario sólo cuando está involucrado un factor de resistencia. El factor de resistencia —ya sea que se encuentre en un circuito eléctrico simple o en un alma— crea la luz retornante desde el polo positivo, el cual a su vez crea la viabilidad de aceptación. La creación de vasijas se logra cuando ejercemos nuestro libre albedrío para observar los preceptos tal como se dictan en la Biblia, y la energía metafísica que se libera como resultado de nuestras acciones logra el *tikún* para el cual hemos encarnado.

Por poco espiritual que suene, estamos aquí con ningún otro propósito que recibir. Buscamos la plenitud ahora porque, cargados del Pan de la Vergüenza, rechazamos la plenitud en el Mundo Sin Fin en el momento de la Creación. El grado de nuestro Deseo de Recibir esta plenitud ahora es la única diferencia entre un alma y otra. El método a través del cual uno se dedica a alcanzar lo que desea es la única moralidad.

Lamentablemente, las religiones establecidas ponen mucho énfasis en decir a sus seguidores lo que deben hacer sin decirles por qué deben hacerlo. "Sé bueno, porque lo dice la Biblia". ¿Pero por qué está escrito en la Biblia? ¿Y qué le dice la Biblia a cada alma individual con respecto a su necesidad única e individual? Las religiones establecidas responden con generalidades, pero pasan por alto la única regla universal que puede aplicarse a todo. Simplemente, es que todos y cada uno de nosotros somos un sistema de comunicación con el único propósito de atraer energía metafísica del Creador, satisfaciendo así Su Deseo de Compartir. Como cualquier otro sistema conocido de la ciencia y la tecnología, completamos nuestro circuito energético a través de una Columna Positiva, una Negativa y una Central[56]. Es este sistema el que perdimos en el Mundo Sin Fin. La necesidad de recuperar este sistema en nuestras almas individuales es lo que hace que sigamos regresando a este plano terrestre una y otra vez.

En el Mundo Sin Fin, la vasija y la Luz eran iguales en cuanto a que la Luz creaba la acción y la vasija creaba una reacción igual y contraria. Sin embargo, había una diferencia entre ellas. La Luz creó la vasija, pero la vasija no creó una vasija. La Luz creó una vasija para su propia mejora, pero la vasija, que era meramente la receptora de esta acción, no podía crear.

El Pan de la Vergüenza es el resultado de nuestra incapacidad de crear. Las vasijas —todas las almas de la Creación— le dijeron al Creador: "No, puedes utilizarnos como vasijas sólo si nosotras, las vasijas, podemos crear la vasija que te revelará y así compartir Contigo al tiempo que Tú compartes con nosotros".

Por consiguiente, Dios creó al hombre a Su imagen y semejanza porque el hombre en el Mundo Sin Fin así lo exigió.

El hombre dijo: "Quiero estar tan cerca de Ti como sea posible. Y estoy cerca de Ti en todos los aspectos excepto este: soy la vasija que Tú creaste para revelarte a Ti Mismo, pero el Pan de la Vergüenza prohíbe que continúe reflejándote y revelándote hasta que yo pueda crear la vasija a través de la cual esto sea realizado".

Puede que esta sea la razón por la cual, hasta el día de hoy, algunos hombres le tienen más respeto a una computadora que a sus propios cerebros. Al crear la computadora, el hombre ha creado una vasija para revelarse a sí mismo, mientras que su cerebro sigue siendo una vasija creada por Dios.

Pero ¿por qué —para volver a un tema mucho más triste que el gozoso deseo de revelar y compartir— crímenes tan violentos y atroces como el asesinato dejan cicatrices en el paisaje de nuestra existencia? ¿Y por qué nos tientan a todos, aunque sólo sea en fantasías, en alguna ocasión? La razón es simple. Cada uno de nosotros tiene que tener la oportunidad de decir que no.

Sin la conciencia o la moralidad, matar a un competidor en los negocios, por ejemplo, podría tener mucho sentido. Después de todo, si uno mata a su competidor estará en una posición en la que obtendrá más energía en forma de dinero o ganancia, ¿no es así?

No obstante, la falla en esta lógica no es un tema de conciencia o moralidad. Kabbalísticamente hablando, no puede haber tal cosa como un asesinato para obtener una ganancia, simplemente porque ninguna ganancia puede resultar nunca de un asesinato.

En el Mundo Sin Fin existíamos como vasijas cuya única función era revelar al Creador al recibir Su beneficencia. Pero ese sistema funcionó sólo hasta la llegada del Pan de la Vergüenza, cuando rechazamos esa beneficencia y nos rehusamos a recibir hasta que pudiéramos compartir y crear una vasija propia.

Por lo tanto, siempre que uno mata está tomando la energía de otro sin haber creado primero una vasija en la cual contenerla. La única manera en la que podemos crear una vasija así es rechazando el asesinato. Sin una vasija, uno nunca puede contener lo que el acto del asesinato puede traer. Así pues, la energía tomada permanece en el asesino hasta que en la vida actual, o en una futura, se cree una vasija adecuada para contenerla y aliviarlo de su carga.

Incluso el dinero heredado desde el nacimiento sigue estos mismos preceptos. Sin caridad —sin la creación de una vasija a través del acto de compartir un porcentaje—, su energía interna no puede ser contenida.

Una fortuna heredada, a diferencia del dinero obtenido a través de un asesinato o cualquier otra acción violenta, es legítima, pero aun así contiene Pan de la Vergüenza si todo el dinero es utilizado para satisfacer el Deseo de Recibir para Sí Mismo. La incómoda fuerza del Pan de la Vergüenza insta al alma a recordar su propósito: "Mira toda la energía potencial de ese dinero, no es tuyo y tenerlo no te hace mejor que una persona sin dinero".

Para asegurar la energía que se nos otorga al nacer, debemos establecer compañerismo, amistad e intimidad con nuestro prójimo. Sólo a través de esta intimidad puede establecerse un Deseo de Recibir para Compartir. Una persona que hereda dinero no puede satisfacer el deseo de su alma con dinero. El alma no necesita dinero. Lo que la satisface es la energía, y sólo puede tenerla si comparte el dinero.

Muchas personas trabajan toda la vida para comprar una casa en la que prácticamente no viven porque están muy ocupados continuando su labor. ¿Por qué trabajaría tan duramente un hombre para conseguir una casa cuando tiene tan poco deseo de habitar en ella? La razón es que la energía del dinero que ganó para comprar la casa nunca fue a parar en ésta. Lo que se transfirió del comprador al vendedor fue dinero, no la energía del dinero. Ya fuera este dinero utilizado en la compra heredado o ganado, la energía contenida en el dinero no puede ser revelada sin una nueva vasija. La energía no se une a menos que parte de ésta se transfiera a caridad. Cuando se realiza esa transferencia, se crea una nueva vasija, pero eso sólo puede hacerse si se incluye a otra persona. Es por esta razón que la Biblia[57] ordena al hombre que dé un diezmo que corresponda al diez por ciento de sus ganancias anuales. Al dar libre y voluntariamente este dinero a caridad, crea la vasija que contiene y mantiene el otro noventa por ciento de sus ganancias.

CAPÍTULO DIECIOCHO

LA EQUIDAD DIVINA

Hay circunstancias bajo las cuales un alma regresará a este plano terrestre sólo para ayudar a otra alma a crecer y cumplir el propósito de su encarnación. A veces el alma que asiste llevará a cabo esta tarea creando desgracia para el alma a la cual está aquí para ayudar, restaurando así una situación que existía en una vida previa y, por lo tanto, dándole al alma que está siendo probada la oportunidad de elegir cómo se comportará.

Es posible que un alma que es cruel con otra esté haciéndolo porque en una vida pasada el alma que es la receptora de esa crueldad fue cruel con el perpetrador de la crueldad en esta vida. Así pues, una víctima de asesinato nunca es en realidad una "víctima" en términos de la reencarnación. Siempre es alguien que cometió asesinato en una vida previa y está pagando por ello aquí y ahora.

Otro ejemplo de un alma que causa dolor a otras almas para su crecimiento y corrección puede verse en la muerte de un niño. El acto de regresar para pagar deudas que se contrajeron en una vida previa no puede aplicarse a niños menores de trece años. Si un niño muere en edad temprana, es posible que estuviera aquí sólo para crear una angustia necesaria para las personas que son sus padres, para que a través de esa angustia puedan corregir una falla que cometieron en esta vida o en una vida previa. No hay duda que cualquier alma que vive en un cuerpo más allá de la edad de trece años, está aquí por su propio *tikún*. Antes de ese momento, está aquí sólo para preparar una escena.

Un buen escenario es esencial para una buena obra. Si no podemos ver cómo la muerte de un niño ha afectado al individuo afligido por el dolor ocasionado por ésta, es sólo debido a nuestra propia experiencia limitada a la hora de ver. Los nombres, las fechas y las cosas externas pueden haber cambiado, pero internamente ese individuo se está comportando como se ha comportado siempre en vidas pasadas. A medida que se le lleva hacia algún tipo de clímax en esta vida, a él le parecerá nuevo porque muy pocos de nosotros somos capaces de recordar encarnaciones previas; pero él será impulsado hacia ese clímax por su cuerpo. Los cuerpos no son las almas, pero desempeñan un papel muy importante en el espectáculo.

Por encima de todo, el entendimiento de las leyes del *tikún* —también conocidas como las leyes del karma— puede lograrse a través de la práctica de técnicas de meditación kabbalísticas.

El karma, que funciona en un plano mental y moral, es un principio de causa y efecto. La ley del karma decreta que para cada acción debe haber una reacción igual correspondiente, de forma que al final todos recibamos exactamente lo que hemos pedido. Una comprensión y un entendimiento universal de la naturaleza de la ley del *tikún* podrían cambiar el mundo entero.

Si la gente pudiera aceptar la verdad del proverbio[58] "Echa tu pan sobre las aguas, que después de muchos días lo hallarás", el mundo sería un lugar diferente en el que vivir. Simplemente significa que la práctica de la bondad y la generosidad serán recompensadas inesperadamente después de un largo intervalo de tiempo. Significa que uno recoge lo que ha sembrado.

Si las personas aceptaran realmente este principio, se inclinarían mucho menos a explotar a sus semejantes en este planeta, y la idea de "ama a tu prójimo"[59] sería considerada como una regla general en lugar de un ideal remoto. Entonces sabríamos que lo único que podemos llevarnos con nosotros a la tumba es aquello que hemos dado.

Un banco moderno es un excelente ejemplo de esta norma. El banco en sí mismo no dispensa dinero. El cliente del banco sólo puede retirar el dinero que él mismo ha depositado previamente en el banco. Cuando una persona recibe un préstamo del banco, se entiende que debe devolverlo. En efecto, ha tomado algo que no le pertenece, puesto que ha tomado algo de su vida que todavía no se ha ganado. En cumplimiento de las leyes de causa y efecto, de acción y reacción, a continuación debe haber una retribución.

Si elegimos echar nuestro pan a las aguas porque, como el cliente del banco, nuestra intención es hacer uso de éste en el futuro, o si hemos recibido crédito en esta vida con la expectativa de pagarlo en algún momento, debemos seguir operando bajo la ley del *tikún*. Solamente existe con el propósito de la retribución.

Sin embargo, una única encarnación puede no mostrar la forma en la que un individuo recibe lo que ha dado. Tampoco proporcionará necesariamente el pago del crédito que se le ha otorgado.

Para aclarar este punto, recordemos que el propósito de estar aquí es para sentirnos plenos. Cuando hablamos de un cortocircuito, hablamos de alguien que ha recibido energía sin eliminar su Pan de la Vergüenza. En realidad, estamos diciendo que ha vivido una vida sin pagar por lo que ha recibido. Puede que se le haya pagado por todo lo bueno que ha hecho en esta vida, pero él no ha pagado por todo el mal que ha hecho. Por ese motivo vemos frecuentemente a personas que disfrutan de un éxito y una buena fortuna que obviamente no se han ganado. Pero esta vida es sólo uno de muchos capítulos. En una subsiguiente encarnación, pagarán plenamente por su maldad.

Adolf Eichmann, que fue finalmente detenido y llevado a juicio en Israel por sus crímenes después de la Segunda Guerra Mundial, defendió sus acciones inhumanas con la siguiente excusa: "Sólo estaba siguiendo órdenes". El teniente Calley dijo lo mismo en relación con la masacre que lideró en el pueblo de My Lai, en Vietnam. Kabbalísticamente hablando, debemos dejar a un lado nuestra indignación ante una razón tan lamentable para llevar a cabo un derramamiento de sangre masivo y preguntarnos por qué estas dos almas fueron colocadas en una posición en la que tuvieron que decidir si debían o no seguir dichas órdenes. Los papeles respectivos de estos dos hombres —uno un nazi alemán, y el otro un oficial estadounidense— obviamente eran papeles con un *tikún* colosal. La mayoría de casos no son tan evidentes.

A medida que entramos en la Era de Acuario, quedan muy pocas almas que no hayan encarnado en algún momento u otro[60]. La ley del *tikún*, por consiguiente, es en realidad la ley del juego limpio. Al permitir que un alma pase una temporada en el mundo físico, se le brinda la oportunidad de que corrija las malas acciones que llevó a cabo en una vida previa.

En una vida previa, puede que uno haya sido un ladrón de bancos que causó muchas muertes. En esta vida, puede que sea un famoso cirujano que utiliza su destreza para salvar muchas vidas. Si puede escapar de las trampas del ego inherentes a una situación como esta para utilizar su destreza en beneficio de los demás, dándose cuenta de que sólo es una herramienta y no una manifestación de su propia gloria, puede que logre corregir el mal que provocó en una vida anterior.

Es lamentable que habitualmente se necesiten muchas más vidas para completar un *tikún* que las que se requerirían si tan sólo entendiéramos el problema y nos aplicáramos a él en lugar de morar en nuestra infelicidad acerca de una imaginada injusticia. A menudo evitamos sacar provecho de las lecciones que se nos enseñan en nuestra vida cotidiana a menos que se nos fuerce a examinarla a través de una amarga experiencia. A menudo estas lecciones deben repetirse pacientemente día tras día, año tras año e incluso vida tras vida, hasta que el conocimiento que hemos ignorado se estrella contra nosotros, a veces de la forma más destructiva. Pero si pudiéramos aprender a cooperar con las cuerdas del universo y su rápido movimiento evolutivo hacia delante en lugar de resistirnos obstinadamente a él, nuestro crecimiento espiritual florecería.

También es una lástima que muy pocos de nosotros deseemos sacar provecho del recuerdo de las experiencias que hemos vivido, puesto que en dichas experiencias yace toda la sabiduría, las razones de nuestra existencia y nuestras herramientas educativas. No obstante, muchos de nosotros nos prohibimos ahondar en nuestra naturaleza por miedo de lo que podamos encontrar allí.

PARTE CUATRO

LA EXPRESIÓN DE LA REENCARNACIÓN

CAPÍTULO DIECINUEVE

LA ESTRUCTURA DEL ALMA

El Deseo de Recibir para Sí Mismo es una tendencia universal. Pero este egoísmo es una distorsión y un reflejo deformado de la Luz que estamos aquí para recibir. Rav Yitsjak Luria (el Arí)[60] expresa con claridad que antes de que una persona pueda saber y acatar las leyes del tikún, debe conocer la raíz y el lugar de su alma.

Sin embargo, para conocer la raíz y el lugar de nuestra alma debemos antes conocer la estructura dentro de la cual se encuentran la raíz y el lugar. Como muchas cosas en el mundo de la metafísica, esta estructura es una tríada. Está formada por *Néfesh*, que es el reino del espíritu crudo; *Rúaj*, que es el reino del espíritu más refinado; y *Neshamá*, que es el reino de la verdadera alma.

El alma dentro del reino de *Néfesh* está más cercanamente alineada con la energía corporal y es de naturaleza material. El que habita allí nunca tiene suficiente de nada y muestra poca sensibilidad a las necesidades y los deseos de los demás. No busca nada más allá de la gratificación de su propio ego.

Mediante el proceso de *tikún*, el alma puede alcanzar posteriormente el nivel de *Rúaj* en el cual todavía tiene anhelos y deseos, pero ya no está gobernada por éstos. Con consideración hacia los demás, evitará ciertas cosas si pueden tenerse sólo a expensas de sus semejantes. El alma en el nivel de *Rúaj* es tierra fértil para los primeros brotes verdes de la verdadera caridad. En lo más alto de la tríada espiritual se halla *Neshamá*. El inherente Deseo de Recibir todavía habita allí, pero está totalmente subordinado al Deseo de Compartir del individuo. No puede haber mucho misterio en cuanto a qué nivel ha alcanzado un alma, pues el individuo mostrará rápidamente sus características.

Unas pocas almas, durante la caída de Adam, escaparon a la corrupción de las cáscaras del mal que llamamos *klipot*, y en ocasiones aparecerán para guiarnos cuando atravesemos por modos de vida peligrosos. Pero para la mayoría de nosotros, la existencia es una lucha por ascender más allá del egocéntrico *Néfesh*, pasando por *Rúaj*, hasta *Neshamá*.

El *Zóhar*[61] dice: "Alabados son aquellos que se dan a la Torá para conocer la sabiduría de su ley, y además conocen y reflexionan sobre los secretos superiores internos cuando un hombre abandona este mundo. Pues a través de una muerte, cuando él se ha arrepentido, se elimina el juicio severo de este mundo".

Por consiguiente, es a través de la reflexión como una persona conoce las leyes y se conoce a sí mismo. Al entender la ley kármica, uno sabrá cómo tendrá que dar una justificación de sus acciones al Creador Celestial. Uno debe también saber y reflexionar sobre los secretos del *Zóhar*: ¿Por qué viene un alma a este cuerpo en particular? ¿Por qué ha recibido este cuerpo el nivel del alma que lo ocupa? ¿En qué fundamentos se asienta este mundo? ¿Cómo debe uno participar en su corrección?

"Quienquiera que va hacia el futuro sin conocer los misterios de la Torá, en la cual están revelados los misterios del alma, se le negará la entrada a todas las puertas del mundo futuro, por muy buenas que sean sus acciones"[62].

El *Cantar de los Cantares*[63] dice: "Dime, amado de mi alma, ¿dónde apacientas tu rebaño? ¿Dónde lo haces descansar al mediodía?". El *Zóhar*[64] dice que es el alma hablándole al Creador, diciendo:

"Dime los misterios de la Sabiduría Celestial; ¿cómo guías a Tu rebaño en el Mundo Superior? Enséñame algunos de los misterios de la sabiduría, pues no los he aprendido. Enséñame para que no me sienta avergonzada cuando venga a estar entre las almas eternas, porque hasta ahora no he reflexionado sobre estos misterios". Y el Cantar de los Cantares continúa con la respuesta del Creador: "Si tú no lo sabes, ¡oh la más hermosa de las mujeres!, sal tras las huellas del rebaño, y apacienta tus cabritas junto a las cabañas de los pastores".

La interpretación del *Zóhar*[65] continúa:

> *"Si no conoces la belleza de la más hermosa de las mujeres, si no entiendes la belleza del alma [aquí se refiere al alma como una bella mujer], si regresas y no has reflexionado sobre la sabiduría antes de venir aquí y no sabes nada de los misterios del Mundo Superior, no eres merecedora de entrar aquí. Por lo tanto, regresa de nuevo. Aprende esas cosas que las personas consideran irrelevantes y conoce los secretos del Mundo Superior. Cuando conozcas estos secretos de la reencarnación, de ellos aprenderás".*

Todos hemos escuchado la expresión: "De la boca de los niños brota sabiduría", pero pocos sabemos realmente lo que significa. Cuando el *Cantar de los Cantares*[66] nos indica: "y apacienta tus cabritas junto a las cabañas de los pastores", el *Zóhar*[67] nos dice que nos está hablando del lugar donde estudian los niños. Allí sólo hay niños, pero si uno escucha atentamente oirá muchos de los secretos de la reencarnación.

Antes de concluir este aspecto del karma o *tikún*, vamos a aclarar el tema de cómo un hombre puede considerarse responsable de los hábitos y los deberes de su tiempo. ¿Qué puede decirse de un soldado que debe matar o torturar obedeciendo órdenes? ¿Por qué un hombre en esta situación puede ser penalizado por cumplir con su deber obligatorio o social? ¿Qué sucede con el hombre que realiza una electrocución en la cárcel, es personalmente responsable de ello?

La respuesta a este problema tan aparentemente complejo es bastante simple: que depende del marco de referencia. Hay un viejo chiste en el que alguien saluda a un amigo con el comentario habitual: "¿Cómo estás?". El hombre perspicaz responde: "¿Comparado con qué?".

En *Números*[68], Dios le ordenó a Moshé que le hablara a la piedra de la cual podía brotar agua, pero Moshé estaba enfadado y golpeó la piedra. El resultado fue el mismo, pero debido a esa pérdida momentánea de control, renunció para siempre a su derecho a entrar en la Tierra Prometida. El observador podría legítimamente quejarse de que la pena fue monstruosa para una transgresión tan pequeña, y desde el marco de referencia del observador sería cierto, pero Moshé, que había conversado directamente con el Creador, vivía en un marco de referencia distinto, y sus acciones sólo pueden ser juzgadas dentro de ese marco.

Alguien podría decir de una vida pasada: "Yo era un líder religioso muy piadoso". Pero ni su piedad ni sus obras tienen significado fuera del marco de referencia en el cual las aplicó. Para los poco iluminados, un individuo podría parecer un verdadero santo, pero ese mismo individuo puede estar años luz de completar el *tikún* con el que carga. Por consiguiente, cuando el *Talmud*[69] nos dice: "No juzgues a tu amigo hasta que hayas llegado a su estación", está diciendo en realidad que no podemos juzgar hasta que conozcamos el marco de referencia dentro del cual habita "nuestro amigo".

En todo el universo no existen los accidentes. Todas las desgracias o "accidentes" que nos encontramos en el presente no son sino la consecuencia lógica de alguna acción realizada en una vida pasada o en la presente. El infortunio y la enfermedad son meramente los efectos de factores causantes que operan bajo las leyes del *tikún*.

Por consiguiente, todo aquel que sufre de algún tipo de herida o enfermedad debe inmediatamente preguntarse si es el resultado de una condición del *tikún* de una encarnación pasada o el resultado de alguna falla en la vida presente. La enfermedad puede que no sea otra cosa que el resultado de comer, beber o fumar demasiado, pero la necesidad de excederse que algunas personas sienten tiene siempre sus orígenes en el *tikún*.

Desde un punto de vista kabbalístico, todas las formas de dolor, sufrimiento, enfermedad y daño tienen sus orígenes en el *tikún*, y están ahí para promover el crecimiento espiritual, pero el *tikún* en sí mismo no debe ser interpretado de forma fatalista. No podemos escapar de los resultados de acciones pasadas, pero podemos cambiar los resultados a través de lo que hacemos ahora. Si el alma se vuelve consciente de sus defectos y se lleva a alinearse con las fuerzas del universo y las verdades cósmicas de la unidad, entonces el dolor y el sufrimiento pueden modificarse.

Esto no quiere decir que si nos encontramos con alguien que está profundamente inmerso en el sufrimiento debamos ignorar su petición de ayuda basándonos en que simplemente está mitigando su *tikún*. No es nuestra tarea interferir con el proceso, pero podemos mirar al afectado bajo una luz distinta y ayudarlo a llevar su carga sin intentar cargarla por él. A través de la visualización y la aplicación de las leyes de la Kabbalah, podemos proyectarnos atrás en el tiempo para ver al individuo en un papel distinto, y al hacerlo ayudarlo a conocer el verdadero origen de su sufrimiento. En las *Diez Emanaciones Luminosas*[70], leemos que el alma es parte de Dios y que es idéntica al Todo, el Creador o el Espíritu Universal. La única diferencia es que el alma es la parte y Dios es el Espíritu Universal completo. Por consiguiente, cuando hablamos de las leyes del *tikún*, debemos entender que hay una energía cósmica que puede ayudarnos a dar un giro o a eliminar el infortunio que nos ha superado.

Capítulo Veinte

Reencarnación y matrimonio

Para algunos, nada puede ser más terrible que estar casado. Mientras que en su mejor versión puede ser infinitamente gratificante, en la peor puede ser extremadamente opresivo. El matrimonio ofrece los extremos más radicales de la felicidad y la esclavitud humanas, con todos los grados inferiores de felicidad y restricción entre ambos.

Desde el punto de vista de la ley el matrimonio es un contrato, y desde el punto de vista de la psicología puede considerarse como un teatro de drama sexual y emocional. La ley tradicional judía lo considera un sacramento, así como la doctrina cristiana. Los cínicos lo ven como una trampa para tontos, afirmando, con bastante honestidad, que la mejor forma de matar un romance es casándose.

Todas estas cosas pueden ser evidentemente ciertas, pero según el punto de vista más amplio y extenso que proporciona el principio de la reencarnación, sería un error aceptar dichas verdades como totales.

Uniendo todas estas visiones, el punto de vista más amplio revela el matrimonio como una oportunidad para dos individuos imperfectos de ayudarse entre ellos a cancelar las deudas respectivas de su *tikún* y avanzar en su comprensión espiritual. Ningún matrimonio es resultado del azar, y ningún matrimonio se inicia desde cero. Cada matrimonio no es sino un episodio dentro de una serie de historias que empezaron hace mucho tiempo, en las cuales las personas han estado relacionadas entre ellas en vidas anteriores.

En el *Zóhar*[71], se afirma claramente: "Ven y ve: Todas las almas que están destinadas a venir al mundo aparecen ante Él, en parejas". En otras palabras, están divididas en masculinas y femeninas, y finalmente, después de haber trabajado su recorrido por todos los pasillos de vidas de la reencarnación y de haber encontrado la corrección suficiente para merecerse el uno al otro, el Todopoderoso las empareja.

No hay una dicha más grande en el universo físico que ese emparejamiento. Pero debe ser ganado en términos de crecimiento del alma a través de muchas vidas en las cuales el matrimonio puede ser de todo menos dichoso.

Las almas gemelas son dos mitades —masculina y femenina— de lo que empezó en el Mundo Sin Fin como una sola alma, dividida por la mano del Todopoderoso en preparación al largo camino a través de este mundo. Sólo cuando se logra el *tikún* y se cancelan las deudas kármicas pueden volver a estar juntas de nuevo en este plano. Sin embargo, ningún matrimonio es un error.

La mayoría de mujeres suelen lograr su *tikún* más rápidamente que sus equivalentes masculinos, y la mayoría de ellas, con excepciones que la historia ha registrado ocasionalmente en términos violentos, están aquí simplemente para ayudar a los hombres a llevar sus cargas kármicas. La mayoría de mujeres están aquí por voluntad propia y en beneficio de los hombres con los que pueden haber padecido varias encarnaciones. Cuando una mujer es especialmente dura con su marido, suele ser un indicativo de que está haciendo exactamente lo que debe hacer para ayudarle a lograr su *tikún*[72].

Las escrituras nos dicen que no hay nada nuevo bajo el Sol[73], y ciertamente la boda entre dos almas gemelas en cualquier encarnación no es nueva, puesto que su unión ha existido arriba desde hace mucho tiempo. Están comprometidos el uno con el otro desde el principio. Como dice Rav Aba[74]: "Felices son los justos cuyas almas son embellecidas ante el Rey Santo antes de venir a este mundo. Cuando llega el momento de que estas dos almas se casen, el Todopoderoso, que conoce a cada espíritu y alma, los junta tal como eran al principio y proclama su unión". El hombre es el aspecto de la Columna Derecha, tanto del cuerpo como del alma, y la mujer es el aspecto de la Columna Izquierda.

Pero sólo si un hombre ha llevado una vida virtuosa tendrá el privilegio de casarse con su verdadera alma gemela. El Arí dice[75] que hay un momento en el que la mujer será reencarnada específicamente para tener la oportunidad de casarse con su alma gemela porque puede que en vidas anteriores él no haya tenido el mérito para tomarla.

No obstante, aun después de ganarse a su alma gemela, un hombre sigue siendo vulnerable. Si entonces lleva una vida extremadamente pecaminosa, puede que tenga que regresar a este mundo con el propósito del *tikún* sin su alma gemela; un punto que se aclara en el *Zóhar*[76] en *Éxodo*, cuando dice: "Si él entra en la esclavitud solo, tendrá que salir solo"[77]. En la superficie, esto parecería ser uno de los muchos versículos que hablan sobre el tratamiento de los esclavos, pero en realidad se refiere a un individuo que en una encarnación concreta ha fracasado en hacerse merecedor de la unión con su alma gemela.

Aunque la ley del *tikún* haya liberado a la mujer de la necesidad de reencarnar, puede que sienta algo tan fuerte por su alma gemela que decida voluntariamente ayudarla en su esfuerzo de corrección.

Hay un refrán sabio que dice: "El matrimonio es como un fuerte asediado: aquellos que están fuera quieren entrar y aquellos que están dentro quieren salir".

Cuando miramos la mayoría de matrimonios, con toda la infelicidad que parecen traer a las personas involucradas, es sorprendente que a cualquiera le parezca un estado deseable. Cuando trae hijos, trae con ellos una gran cantidad de dolores de cabeza y de frustración, aunque los que no están casados generalmente tienen una fuerte sensación de que se les está robando algo precioso en sus libres pero solitarias vidas.

Algunos defenderán que el aspecto sexual del matrimonio es la clave, pero ese es un argumento que no se sostiene ni desde el punto de vista kabbalístico de la reencarnación ni, en esta era de liberación sexual, como algo con sentido práctico en el tipo de sociedad que vivimos. En otros tiempos la falta de matrimonio condenaba a la mujer, y en algunas comunidades también al hombre, a una vida de abstinencia sexual, y pasada cierta edad, la mujer se convertía automáticamente en la despreciada víctima del viejo complejo de solterona. Sin embargo, hoy en día las mujeres son más libres que nunca de tener carreras independientes y establecer su vida sexual sin miedo a la censura. Teniendo en cuenta que el porcentaje de divorcios para aquellos que se casan está alcanzando proporciones epidémicas, ¿por qué alguien se molestaría en casarse?

Según el *Zóhar*[78], el *tikún*, no la biología ni la costumbre social, es la fuerza impulsora tras las campanas de boda. El *Zóhar* afirma que es el matrimonio lo que constituye una tarea difícil para el Todopoderoso porque las almas gemelas —masculino y femenino— son dos mitades de una misma alma que fue dividida en la creación y enviada por caminos separados hasta que, tras sucesivas encarnaciones, han encontrado la corrección suficiente para merecerse volver juntas de nuevo a este plano terrestre. La dificultad está en el hecho de que un buen hombre puede ser merecedor, sino de su alma gemela, al menos de una buena mujer, y que puede encontrarla sólo para perderla cuando su verdadera alma gemela, que al merecerla, aparece en escena.

Cuando las almas gemelas se conocen y se casan, lo sepan o no, han acordado ser coprotagonistas de nuevo con alguien que ya han conocido antes en una o más vidas. Los actores pueden modificar en cualquier momento la promesa del argumento. El escenario ha sido montado, pero el guión no está necesariamente escrito. Sin embargo, si dos personas son almas gemelas pero no entienden los principios de la reencarnación, puede que puedan caer presa de problemas que, sumados a una falta de entendimiento, pueden sumergirlos innecesariamente en la vorágine de la infidelidad y el divorcio. Muchos buenos matrimonios están a punto de desmoronarse sólo a causa de la ignorancia.

Los sociólogos y psicólogos generalmente intentan explicar la infidelidad marital como un fenómeno biológico, pero desde un punto de vista kabbalístico, es mucho más probable que el *tikún* se halle en la raíz del problema.

Puesto que el matrimonio desempeña un papel tan importante en cualquier sociedad, es importante entender ese papel. Las leyes cósmicas de la reencarnación no pueden cambiarse, y es la falta de conocimiento de estas leyes lo que engendra muchos de los problemas actuales.

En cada religión el matrimonio se proclama mediante una ceremonia cuidadosamente ejecutada. Incluso el matrimonio civil requiere el pronunciamiento de ciertas frases y el aceptar ciertos votos. Estas ceremonias y estos votos han servido al hombre desde los inicios de la historia de la humanidad, pero cada día un mayor número de personas jóvenes están dejándolos de lado por considerarlos irrelevantes.

"Nos amamos", dicen. "No necesitamos un trozo de papel o unas palabras murmuradas por una tercera persona para demostrarlo".

Si tienen razón en esto, ¿entonces por qué los problemas relacionados con la convivencia —estén casados o no— están aumentando a pasos agigantados?

La respuesta es simple. Las normas y las regulaciones son las que convierten al matrimonio en una institución. El abandono de las normas y las regulaciones promueve la desconsideración hacia la santidad de la unión entre un hombre y una mujer. Sin la fuerza de la Columna Central —restricción— de esa santidad, el cortocircuito se vuelve algo casi inevitable.

Este cortocircuito daña mucho más que el matrimonio en cuestión. También causa estragos en el universo porque se convierte en una fuente primaria de negatividad. Muchos en las filas de la humanidad están esencialmente sentados en la valla. No son ni particularmente buenos ni particularmente malos, y para ellos el equilibrio se pierde fácilmente. Una abundancia de negatividad creada por el cortocircuito que surge del conflicto marital puede llevar a muchas personas a comportarse de forma negativa.

Por lo tanto, además de los problemas de *tikún*, el individuo que está en medio de un cortocircuito que ha creado él mismo, se encuentra con otro problema con el cual debe lidiar. Este nuevo problema ocurre en el momento en que la negatividad se añade al proceso cósmico.

Nuestro objetivo, en cualquier vida determinada, es convertir nuestro inherente Deseo de Recibir en un Deseo de Compartir, y sólo cuando hayamos logrado eso crearemos un circuito. Por lo tanto, el propósito del arrepentimiento no se limita a decir "Lo siento". Se trata de restaurar cualquier positividad al universo que podamos haber sustraído. Como el individuo está afectado, el universo también lo está.

Por consiguiente, el ritual no es una pose vacía. Es un sistema metafísico mediante el cual la energía positiva es restaurada.

CAPÍTULO VEINTIUNO

EL EJERCICIO DEL MATRIMONIO

A diferencia de la doctrina de algunas religiones, el matrimonio, una vez santificado, no es indisoluble. Según la doctrina bíblica la disolución es posible, pero no debe hacerse a la ligera.

En la Biblia[79], la institución del divorcio se proporciona a parejas que se sienten incapaces de vivir juntas. Los medios a través de los cuales pueden liberarse el uno del otro y se les permite ir por caminos separados hacia nuevas y mejores uniones en lugar de estar destinados a una vida infeliz, ha existido desde el tiempo en que la Biblia fue escrita. Pero debajo de la institución del divorcio debe realizarse un esfuerzo pacificador. La tarea de aconsejar y de tratar de ajustar las quejas de las partes involucradas se confía al rabino, y sólo cuando todos sus esfuerzos fracasan permite que se lleve a cabo el divorcio. Este sistema ha funcionado bien en el pasado. El divorcio era poco frecuente y el propósito central de la Biblia —que es la preservación del matrimonio— se lograba en la mayor parte de casos. No obstante, hoy en día puesto que la ceremonia y la santidad del matrimonio está pasada de moda y las "relaciones significativas" son el popular sustituto, se dan las razones más insignificantes para el divorcio. No se hace ningún intento de compromiso y reconciliación. La buena voluntad, la perseverancia y la adaptabilidad se dejan de lado, y con ellas el propósito de la Biblia de proteger tanto el matrimonio como la descendencia que produce.

No hay dos personas que tengan gustos o hábitos idénticos. Por lo tanto, cuando dos personas viven juntas con toda la intimidad que prevalece entre un marido y una mujer, las diferencias de gustos, hábitos y puntos de vista salen fácilmente a la superficie, a menudo con resultados desastrosos tanto para ellos mismos como para los que viven con ellos y a su alrededor. Sin embargo, en muchos casos sus diferencias son en realidad trivialidades sin consecuencia alguna.

Todos estos pormenores sólo pueden ser el resultado de una pérdida de espiritualidad. Cuando una pareja está de acuerdo en asuntos espirituales, las otras diferencias pierden importancia de forma automática. No puede haber amargura o discordia entre un marido y una mujer que comparten sus ideales.

Las leyes del matrimonio, establecidas en el pasado, incluyen las leyes de la pureza y la castidad. Los aspectos físicos y materiales del matrimonio tienen su lugar, pero las demandas espirituales deben ir en primer lugar porque los preciosos preceptos de castidad en la vida familiar son los que consagran la unión del hombre y la mujer para asegurar que sus hijos sean bendecidos tanto con pureza como con salud. Un alma concebida en la santidad de la boda entrará, en el momento de la concepción, en la plenitud de la vida dotada de la pureza que será la garantía de su carácter.

Se requiere muy poco estudio de la sociedad y sus insensibles atrocidades, el odio, las guerras y las cifras crecientes de crímenes, para distinguir a aquellas almas que han sido concebidas bajo otras circunstancias. Pues el *Zóhar*[80] enseña que los pensamientos de un hombre y una mujer durante el acto sexual son los que determinan el tipo de alma que ocupará el cuerpo del bebé que nacerá de su unión. Cuando estas demandas sagradas se han cumplido, la expresión física del matrimonio se convierte en una acción santificada, en la que el matrimonio en sí mismo se convierte en una gran fuerza espiritual que fortalece los vínculos de devoción y lealtad mutua y garantiza una fortaleza de carácter para la descendencia.

Es necesario que las ideas de modestia y moralidad sean inherentes a nuestra actitud hacia el matrimonio. Sin ellas, el matrimonio es poco más que una unión de dos individuos que aparentemente se aman, pero que puede que en realidad se odien y se teman entre ellos en lo profundo de sus corazones con una intensidad que ni siquiera ellos pueden imaginar. Feliz es el hombre cuya mujer otorga amor y fe sobre la unión y que es para él madre, hermana, esposa y amiga, compartiendo todas sus cargas y cuidando y sosteniendo el hogar, aun en tiempos de adversidad, con paz y amor.

Lamentablemente, estos conceptos tan nobles y hermosos no prevalecen en la mayoría de matrimonios y el concepto de que el hogar tradicional se centra siempre en una esposa amorosa y un hombre feliz es ilusorio.

El Arí dice[81] que si un hombre no puede entender su propia alma y el alma de la mujer que ama, y si ese amor no está basado en el conocimiento de la reencarnación y una comprensión más profunda, no hay una base sobre la que se pueda construir un matrimonio. Un hombre debe tener un entendimiento verdadero de por qué está con la mujer en su vida. Es dentro del vacío creado por la falta de entendimiento donde se enraízan todas las frecuentes relaciones extramaritales que hay en la actualidad.

En vista de todo el dolor y los obstáculos que inevitablemente existen en el camino de los mejores matrimonios, el milagro es que alguien opte por casarse. Sin embargo, tras una década de descrédito y rechazo, la institución está encontrando en Estados Unidos más apoyo que nunca. Sea cual sea la costumbre del momento, dentro del corazón humano existe la intuición innata de buscar un cónyuge. La ley judía declara que cada hombre tiene el deber de casarse para procrear hijos. Esto se explica en la Biblia[82]: "Y los bendijo Dios y les dijo: 'Sean fecundos y multiplíquense, y llenen la Tierra...'". Así pues, a partir de *Génesis*, se otorga a las mujeres la obligación de ser madre, y esta obligación es consistente a lo largo de toda la literatura sagrada. Es la tarea principal para la cual fue formada. Por consiguiente, cuando Adam nombró a su compañera la llamó Javá [Eva] porque ella era la madre de toda la *jai* [vida][83].

Según el *Zóhar*[84], el nombre de Javá contiene en su interior la función para la cual ella fue creada.

La importancia de la procreación se enfatiza a lo largo de toda la Biblia. La infelicidad de Sará por ser estéril se convierte en felicidad cuando da a luz a Yitsjak[85]. Rivká, mientras se prepara para el matrimonio, recibe la bendición de que tendrá descendencia[86]. Rajel da voz a la pena más absoluta cuando le dice a Yaakov: "Dame hijos, o sino, me muero"[87]. David canta: "Tu mujer será como fecunda vid"[88]. Con todo este apoyo, el matrimonio siempre ha sido considerado como una institución ordenada por lo Divino, en la cual el deber de la procreación debe ser cumplido.

Siempre hay mucho más en la Biblia de lo que se ve a primera vista. En esencia, está escrita en un código para el cual la Kabbalah es la clave. Tal como dice el *Zóhar*: "Aquellos que consideran que las historias de la Torá cuentan solamente una simple historia son necios y desinformados, pues si ese fuera el caso, la Torá celestial, que está llena de santidad y verdad, podría haber sido escrita por cualquiera que estuviera cualificado para escribir bellas historias"[89]. La Biblia está llena de historias de lujuria y perversión —Tamar, Yehuda el hijo de Yaakov, Lot y sus hijas[90]— pero puesto que la Biblia es más que un guión de televisión que no va más lejos del argumento, estos relatos deben ser leídos y comprendidos en un nivel mucho más profundo del que se acepta en general. Nos incumbe entender el significado místico interno de la Biblia en conexión con el matrimonio y la procreación. Los preceptos bíblicos que protegen la pureza del matrimonio son un factor importante para crear una sólida relación mutua entre marido y mujer y garantizar que los hijos nacidos de esta unión lleven su impronta a lo largo de sus vidas. Sin embargo, no podemos esconder la inestabilidad y la falta de devoción que daña a la mayoría de matrimonios modernos. Debemos aceptar la realidad de hoy en día: una realidad que hace que las nobles palabras de nuestros sabios suenen vacías y huecas. Si queremos regresar a los bellos aspectos del matrimonio, necesitamos un entendimiento exhaustivo de la reencarnación.

CAPÍTULO VEINTIDÓS

LA REENCARNACIÓN Y LOS NOMBRES

Un factor clave para lograr el control de nuestras vidas se halla en el nombre del individuo. Los apellidos no tienen importancia. Son llevados y descartados como muchos de los trajes en el trascurso de muchas encarnaciones, pero el nombre nunca cambia. Se elige para que corresponda con el alma. Los padres deben dar siempre a sus hijos el nombre de algún familiar que fuera generoso y con quien sintieran una afinidad de alma. En realidad, no tienen otra alternativa que elegir el nombre que el niño trae al mundo de encarnaciones pasadas. Puede que piensen que han elegido, pero en realidad no es así.

Por lo tanto, con frecuencia darle un nombre a un niño de alguien que no fuera un ser querido es ponerlo en lucha con su propia identidad, especialmente si su tocayo ha muerto de una forma particularmente violenta o extraña. Su nombre puede cargar al niño con un remanente del *tikún* que estaba resolviendo en el momento de su muerte. A menudo vienen a mí padres lamentándose de los problemas que tienen con su hijo o hija. La primera pregunta que hago siempre es: "¿De quién es el nombre que le pusieron?". En casi todos los casos, el problema no es tanto del niño sino del tocayo, cuyos vicios particulares está reflejando el niño.

Ha habido períodos en la historia —tanto entre judíos como no judíos— en los que los nombres bíblicos estaban de moda. Luego, inexplicablemente, la popularidad de los nombres bíblicos ha cedido el paso a nombres más seculares. La explicación kabbalística es que los nombres bíblicos prevalecen en períodos de gran revelación e iluminación, mientras que se retiran cuando la oscuridad desciende sobre el espíritu humano. A diferencia de otros nombres, aquellos seleccionados de la Biblia están construidos por letras que son vehículos para la transferencia de energía, y la Biblia tiene un versículo específico para cada uno de ellos, y aquel que medita en su propio versículo se encontrará en el umbral del túnel del tiempo que lo llevará de regreso al recuerdo de encarnaciones previas, cuando su cuerpo y sus circunstancias eran distintas pero su nombre, en esencia, era el mismo[91].

Los nombres pueden ser iguales más allá de la barrera lingüística. Yosef se convierte en José en español y Giuseppe en italiano sin que cambie su esencia, a menos que se corrompa en un diminutivo o un apodo. Ambos deben evitarse simplemente porque representan distorsiones del vehículo.

Tan poderosa es la influencia de un nombre, y tan poderosa es la negatividad que rodea al nombre equivocado, que con frecuencia una respuesta kabbalística a una gran enfermedad física o espiritual es cambiar el nombre en un esfuerzo por encaminar de nuevo al individuo hacia la conexión con su verdadera identidad. Como cualquier técnica, no es infalible, pero casi todos los casos de conflicto dentro de una personalidad individual tienen su origen en un nombre incorrectamente asignado.

Esta aplicación práctica puede ilustrarse con el caso de un joven que asistía a una de mis clases sobre la reencarnación. Su hijo había nacido con un defecto de nacimiento que lo dejó sin fuerza muscular en la parte derecha de su cuello. Como resultado, la cabeza del niño se inclinaba constantemente hacia la derecha. Buscando la causa de dicha aflicción, nos sumergimos en una conversación sobre los antepasados familiares del padre y él reveló que su hermana había sido asesinada antes del nacimiento del niño afectado. El arma del crimen fue una pistola, y la bala letal había atravesado la parte derecha de su cuello. Aunque el niño en cuestión es un chico, su nombre era similar al de la hermana del padre.

Que el niño podía ser la reencarnación de la hermana del padre era una conclusión evidente y que se pudo haber evitado si aquel hombre y su esposa hubieran entendido y aplicado los principios de la reencarnación cuando el niño fue concebido.

Como demostrará este ejemplo, la aplicación inmediata del conocimiento de la reencarnación radica en el área de la resolución de problemas. Ante cualquier aflicción —emocional o mental— llevará a su practicante debajo del nivel de conciencia, donde están enterradas las causas de los efectos visibles. Abordar tales problemas sin hacer ese viaje es como intentar luchar contra las malas hierbas con una máquina cortacésped.

A través del conocimiento de la reencarnación un individuo puede averiguar no sólo las causas inmediatas de sus problemas, sino también las causas de las causas. La técnica de la reencarnación permitirá a su practicante ahondar en las profundidades de sus actitudes y expectativas más arraigadas para aumentar su probabilidad de beneficiarse del conocimiento que ha adquirido. El grado en el que el individuo utilice dicho conocimiento para superar las cosas que lo atormentan es, por supuesto, una cuestión de elección completamente. Algunos pueden quedarse satisfechos con obtener un pequeño destello de iluminación, mientras que otros apuntan a nada menos que la liberación de la incesable rueda de encarnaciones repetidas. Pero para todos los que la obtienen, la capacidad de recordar existencias anteriores los llevará a una modalidad de pensamiento menos materialista y mejorará la apreciación de la espiritualidad en su mente y su alma.

Así pues, el conocimiento de la reencarnación y de las técnicas de meditación kabbalística se hallan entre los enfoques más pragmáticos de la vida.

Alguien con grandes dificultades económicas puede encontrar alivio y un entendimiento de sus problemas, así como su cura, haciendo muchos viajes al pasado en los cuales pueda revivir los períodos más placenteros y prósperos en vidas anteriores. Aquel que está deprimido puede volver a sentir esperanza, el afligido puede encontrar consuelo y el que está encarcelado sentir la libertad. Nadie es demasiado pobre ni tiene tan poco tiempo como para no abrirse a las maravillas del mundo e invocar los poderes de la visualización creativa. La meditación kabbalística produce excitación sin la necesidad de drogas ni alcohol y, lo que es más importante, irá seguida de un resplandor en lugar de una resaca. La meditación kabbalística tiene el poder de abolir los miedos antiguos a la muerte, la pobreza, la enfermedad, el rechazo y la soledad que han ensombrecido durante mucho tiempo el pensamiento humano.

PARTE CINCO

LA REENCARNACIÓN
UNIVERSAL

CAPÍTULO VEINTITRÉS

ENCARNACIÓN GLOBAL

¿Por qué algunas naciones avanzan con dificultades y otras prosperan? ¿Por qué algunas naciones continúan haciéndose más ricas mientras que otras se estancan financieramente hasta el punto del desastre económico? ¿Por qué ciertos segmentos del globo han experimentado un desarrollo científico increíble, mientras que otros no, o en algunos casos han retrocedido hasta el punto del olvido? ¿Por qué Japón, después de 1970 y no antes, pudo entrar y unirse a los países industrializados del mundo tan rápidamente, mientras que su vecina China se quedó en un patrón de desarrollo claramente estancado? ¿Por qué Rusia continuó convirtiéndose en una potencia mundial después de la Segunda Guerra Mundial, mientras que Inglaterra "para cuya bandera el Sol nunca se pone", durante el mismo período, no pudo progresar ni desarrollarse? ¿Por qué los imperios mundiales, después de un reinado ilustre de majestuoso poder, han caído en un estado de inexistencia, pasando brevemente como el viento por el escenario de la historia?

La pregunta de por qué algunas sociedades progresaron y otras no es una de las más enigmáticas y difíciles a las que se enfrenta el historiador y su interpretación de la historia global y humana. El famoso historiador Joseph Needham, que ha escrito muchos libros sobre el tema y en honor a quien este misterio se ha llamado en ocasiones "el problema Needham", confiesa que todavía no conoce la respuesta.

La interacción global y humana que tiene lugar en la sociedad moderna, combinada con algunas relaciones muy complejas y cambios significativos en nuestro medioambiente —cambios climáticos drásticos, explosiones nucleares— hacen imposible que identifiquemos la razón o razones de los diferentes patrones de progresión o regresión en las distintas sociedades. ¿Por qué algunos piensan en cosas en las que otros ni siquiera han pensado? El profundo y enorme proceso de pensamiento que se da subconscientemente en el cerebro humano aparece de repente entre las personas de cierta parte del globo, mientras que otros seres humanos que parecen dormidos aparecen en otras secciones de nuestro planeta terrestre.

En esencia, nos enfrentamos a dos dilemas básicos. Primero, por qué las nuevas ideas, los nuevos descubrimientos o filosofías se desarrollan en algunos y no en otros es una cuestión que abordamos en otro capítulo de este libro. Lo que nos ocupa aquí es la causa principal de los patrones de desarrollo particulares de las diferentes sociedades. Se ha sugerido que una sociedad que es intolerante con la crítica, que suprime todas las formas de discrepancia y mantiene un orden social de ortodoxia rígida puede ser la explicación del estancamiento. Una sociedad en la que la tolerancia de nuevas ideas o la discrepancia total están permitidas resultará en un considerable aumento de su capacidad para la innovación. Este tipo de pensamiento continúa eludiendo el principio de causa y efecto. La falacia en este tipo de razonamiento se halla en el hecho de que nunca se ha determinado qué es la causa y qué es el efecto. ¿Qué viene primero, el huevo o la gallina? La tolerancia, en cualquier sociedad determinada, puede ser meramente el resultado de una sociedad progresiva, en lugar de su causa.

Desde un punto de vista kabbalístico de la realidad, debemos plantear una pregunta: "¿Qué causó qué en primer lugar?". Algunas sociedades que son tolerantes con la discrepancia experimentan avances tecnológicos. ¿Es la tolerancia la causa principal? ¿Es posible que sea al revés? Es difícil decir qué determina qué. Parece que sabemos poco sobre la causa primaria, y esta es precisamente la razón por la que tanto se ha escrito y sugerido sobre este tema, con muy pocas o ninguna respuesta concluyente.

De vez en cuando he señalado la necesidad de una reorientación completa de nuestro proceso analítico. La cosmovisión kabbalística mantiene una gran promesa hacia una visión única y coherente de la realidad. Esto implica que cuando buscamos las verdaderas causas principales de los acontecimientos físicos debemos tener en cuenta prácticamente a todo el universo. Esto necesita la aceptación de respuestas instantáneas [de partículas o energía cósmica inteligente] a las acciones del otro, aunque estemos separados por distancias en nuestro universo. Este tipo de aceptación de la interacción instantánea e inmediata viola los principios de la oposición de la teoría de la relatividad a las velocidades superiores a la de la luz, sin embargo, el científico está y continúa estando confundido por el siempre cambiante fenómeno de la realidad.

Consecuentemente, el intento kabbalístico de proporcionar un panorama completo de la realidad en el nivel metafísico es una fuente de información universal más que bienvenida, donde los resultados de diferentes experimentos de nuestro todo cósmico pueden encajar y encajarán en una interfaz única y coherente de mecánica cuántica paradójica. El enigmático holismo de la interdependencia planteado por la teoría cuántica no necesita llevarnos a un rechazo total de los fenómenos cuánticos. Más bien sus implicaciones apuntan a la conexión más rápida que la luz, en la cual las inteligencias cósmicas en efecto proporcionen mecanismos y técnicas de medición mediante los cuales la ciencia correlacione y conecte estados de entidades espacialmente separadas. La comprensión de nuestro universo no necesita seguir siendo un eterno misterio.

Para descubrir qué es esta energía de inteligencia cósmica y aprender más sobre este extraño fenómeno y sobre cómo la interacción y la reencarnación global están manipuladas por esta asombrosa fuerza, volvamos a la fuente, el *Séfer Yetsirá* o *Libro de la Formación*. Los a veces incómodos síntomas del nivel subatómico de la energía para un físico o los cambios repentinos en el espacio para un astronauta pueden resultar desconcertantes. Esa es precisamente la razón por la cual la información kabbalística empieza justo ahora a ser comprendida y en el futuro, con esperanza, colocará la ley de causa y efecto en su perspectiva adecuada. La nueva era de pensamiento parece estarse reuniendo con la visión kabbalística de la estructura de la energía o, como yo la llamo, la aceptación cósmica universal de la conciencia humana.

Rabí Yehuda discutió sobre el versículo: "Y dijo Dios: Haya un firmamento en medio de las aguas"[92]. Cuando el Eterno creó el mundo, dijo: "Él creó siete Firmamentos arriba, y en cada uno estrellas y constelaciones y ministros a quien servir...". De forma similar, hay siete Tierras abajo, una espiritualmente superior [en energía] que la otra, siendo la tierra de Israel la más elevada de todas y Jerusalén el centro de energía de todo el mundo habitado. Nuestros compañeros que habitan en el Sur han visto todo esto en los libros antiguos y en el Libro de Adam.

Las tierras de la Tierra están todas divididas como el Firmamento [los Cinturones de Van Allen] arriba que divide una de la otra... Las criaturas en ellas también son diferentes...y sus aspectos también difieren. Pero, nos podemos preguntar, ¿acaso no descienden todos los hombres de Adam, y no bajó Adam a todas estas Tierras y engendró hijos allí? Sin embargo, la verdad es que el hombre sólo se encuentra en esta tierra más elevada que se llama Tével (mundo habitado), que está sujeta al Firmamento Superior y a la Fuerza

Suprema, la Fuerza de Luz del Creador. Por consiguiente, el hombre es superior a todas las demás criaturas. Pues, igual que Arriba existe el Firmamento más elevado, que es el Trono del Eterno, la Fuerza, abajo en Tével también está el manifestador y el rey de todo, esto es, el hombre. Con respecto a las criaturas inferiores, están producidas de los vapores de la tierra junto con una influencia de la Fuerza de Luz de Arriba, la cual produce criaturas de varios tipos, algunas con pieles y otras con cascarones —como las criaturas gusanos de la tierra— rojos, negros o blancos y de otros colores; su vida tiene una duración no superior a diez años. Rav Hamnuná Saba (el Anciano) explica en su libro que todo el mundo habitado es como una bola, de forma que algunos están arriba y otros abajo, y las apariencias de ciertas razas alrededor del mundo de forma que algunas están afectadas por la Fuerza de Luz como arriba, algunas razas están afectadas más que otras por la Fuerza de Luz.

De forma similar, la división de la bola de la Tierra se divide en siete segmentos principales que son referidas como las siete tierras. Las distintas apariencias del mundo habitado dependen directamente de las diferencias en el aire cósmico (atmósfera) que existe en cada segmento. Por lo tanto, la Fuerza de Luz cósmica hace manifiesto que hay una parte de la bola de la Tierra donde hay luz, cuando en otra parte de la Tierra está oscuro. Por consiguiente, algunos tienen noche mientras que otros tienen día. También hay un lugar donde siempre es de día y donde no hay noche salvo por un breve período de tiempo. Este relato de la estructura universal y las diferentes atmósferas cósmicas se encuentra en los libros antiguos y en el Libro de Adam. Hay principalmente siete universos, y estos siete universos están separados entre ellos por siete atmósferas cósmicas. Este misterio ha sido confiado a los maestros de la Kabbalah, pero no es conocido para aquellos que marcan las fronteras, los geógrafos[93].

De vez en cuando, un científico se tropieza con un hecho que parece resolver uno de los grandes misterios de nuestra civilización. Estos descubrimientos inesperados suelen ser poco frecuentes. No obstante, cuando ocurren, a menudo no pueden dar explicación a esos preceptos evolutivos rudimentarios y fundamentales que prácticamente no han cambiado a lo largo de toda la historia.

Pero uno puede preguntarse, ¿acaso no se ha convertido el cambio en una parte integral de nuestra forma de vida? En contraste, el comportamiento humano, el poder y la fuerza detrás de los cambios drásticos de nuestro estilo de vida no han experimentado un proceso de cambio. La guerra, el odio, el amor y otras características conocidas de la humanidad parecen estar poco afectadas por los cambios medioambientales que están ocurriendo constantemente a nuestro alrededor. La gran pregunta es: ¿qué es esta Fuerza de Luz que puede controlar la psique del hombre y al mismo tiempo permitir el extraordinario estallido de grandes inventos y descubrimientos? ¿Cuál es el catalizador detrás del extraordinario flujo de nuevas tecnologías en los últimos años? ¿Cuál es el motivo de la adaptabilidad innovadora y de la creatividad durante la antigua América como el telégrafo, la desgranadora de algodón, el barco de vapor y más recientemente la tecnología avanzada?

"De forma similar, hay siete tierras abajo, una espiritualmente superior en energía que la otra... Las criaturas en ellas también son diferentes".

La sorprendente revelación de que las criaturas son diferentes debido a la energía espiritual infundida en diferentes grados por la Fuerza de Luz da explicación a las diferentes y más innovadoras psiques de los habitantes y a los distintos recursos naturales. Los cimientos de ambos provienen de la misma fuente asombrosa, la Fuerza Cósmica, que se manifiesta en siete estructuras que orbitan, los siete planetas. La idea de que la Fuerza de Luz irradia energía a través del Sol dentro del sistema solar no es nueva.

¿Por qué están las sondas planetarias o satélites artificiales equipados con sistemas de energía solar? La primera estación espacial pequeña está también diseñada para utilizar la energía del sol de forma más eficiente. Desde una cosmovisión kabbalística nos limitamos a considerar el interior, igual que el físico que investiga más adentro hacia el elusivo mundo de los fenómenos subatómicos. En lugar de tomar el Sol como la fuerza primaria de energía, el punto de vista *zohárico* afirma que todas las formas de energía manifestadas son meramente el resultado de emisiones naturales, inteligentes y cósmicas que al final se visten de canales orbitales. Todos estos focos cósmicos se originan en la Fuerza de Luz y se diversifican a medida que atraviesan los diferentes canales orbitales terrestres. Consecuentemente, puede que no nos sorprenda cuando estas inteligencias cósmicas son detectadas y vistas como mensajeros de la Fuerza de Luz, sembrando la tierra de formas inteligentes orgánicamente complejas. Estos mensajes codificados inteligentes encapsulados, conocidos como las *Sefirot* o ADN metafísico, son las fuerzas primarias que explican nuestro gran sistema solar y la división cósmica de la Tierra. En este escenario, la Tierra ha producido una red de sociedades que en última instancia aparecen en diferentes regiones y que proporcionan el derecho natural cultural de cada raza con su ciencia, inteligencia, arte e historia específicas. Puede que un día, algunas de las mentes más talentosas decodifiquen estos mensajes interestelares y descubran civilizaciones inteligentes del espacio exterior, civilizaciones que son y han sido conocidas por el kabbalista. En una palabra, estos mensajes extraterrestres son las formas complejas de las *Sefirot*, que encapsulan la Fuerza de Luz.

Lo que parece emerger del *Zóhar* es que las siete formas de inteligencia que emanan de las siete *Sefirot*[94] son las responsables directas de nuestra manifestación universal. Estos seres extraterrestres avanzados no corpóreos que viven en un sistema solar similar al nuestro dirigen las estructuras que orbitan en nuestro universo y subsecuentemente exhiben los diferentes grados cuantificados de la Fuerza de Luz en secciones variadas y específicas de nuestro planeta Tierra.

Toda la vida baila al son de las influencias astrales, tal como demuestran más claramente los fenómenos cíclicos. Unas fuerzas extraterrestres invisibles afectan a los asuntos terrestres y decididamente determinan las subidas y bajadas de muchos fenómenos relacionados con la humanidad. Al rastrear los ciclos de subidas y bajadas de la vida terrestre e identificar estos ciclos, las curiosas fluctuaciones claramente sugieren un patrón metafísico muy parecido a lo que el ADN es para nosotros. Aunque se están llevando a cabo muchas investigaciones en las últimas décadas para indagar sobre esos ciclos, el misterio sobre su causa sigue estando en el núcleo de la frustración científica. Sin embargo, si las comunidades científicas estuvieran dispuestas a aceptar la hipótesis de que la actividad terrestre está sujeta a la influencia celestial cósmica, tal como afirma claramente el *Zóhar*, gran parte de los datos científicos, ahora rodeados de misterio, podrían abrir infinitas nuevas fronteras en la naturaleza nunca antes imaginadas. Las fuerzas físicas que obedecen a leyes científicas aceptables, desde una cosmovisión kabbalística, dependen y recaen sobre fuerzas cósmicas inteligentes.

Consecuentemente, los siete planos, que actúan como canales orbitales para las siete formas y niveles difusos de inteligencia cósmica conocidos como las siete *Sefirot* —según el *Zóhar*— dejan marcada su impronta celestial sobre la faz de la Tierra. Se trata de una fuerza no material. Esta fuerza tiene inteligencia propia. Podría compararse al alma del hombre, que hace a cada ser humano individual claramente diferente de cualquier otro. El alma es responsable de la creatividad, el libre albedrío o las emociones de una persona, como el amor, el odio, el miedo y los instintos guerreros. Estas siete entidades no materiales dan lugar a la diversidad individual del universo y la Tierra. Por lo tanto, la división de la Tierra está directamente relacionada con el aspecto de la inteligencia que habita en una zona o país en particular. Esta fuerza controla a sus habitantes de la misma forma que un programador dirige una computadora o un piloto maneja un avión. El nivel particular de inteligencia es responsable de la división particular de nuestra Tierra. Un habitante de Alemania no está bajo la misma influencia cósmica que, digamos, uno que vive en Rusia. Los rasgos y las costumbres, que son característicos de una nación, no pueden ser y no son similares entre ellos. Estas diferencias son el resultado directo de la influencia cósmica peculiar de cada nación.

¿Implica entonces esta revelación que todas las personas de un país actúan y se comportan de forma similar? Por supuesto que no. Las personas siguen siendo individuos. ¿Entonces como reconciliamos el establecimiento de rasgos y costumbres comunes de una nación debido a su infusión particular de energía cósmica y la capacidad de cada persona de mantener sus características propias e individuales?

Un misterio similar que me gustaría explorar es el conflicto entre el cambio continuo y la tenaz insistencia del hombre en aferrarse a formas de comportamiento bien definidas. El inevitable proceso de cambio que se ha convertido en un lema en la tecnología avanzada nos lleva a plantearnos cómo las formas de vida siguen todavía inalteradas durante tanto tiempo. En una sociedad que evoluciona rápidamente, la humanidad, así como todas las demás formas de vida, siguen deseando las mismas cosas que desearon nuestros antepasados. Incluso los asombrosos descubrimientos que últimamente promueven los más grandes avances han tenido pocos efectos sobre el pensamiento humano. La estabilidad conservadora aún parece ser la regla para la mayoría de especies dentro de nuestro universo. ¿Es nuestro marco mental realmente distinto al de la gente de la Edad Media? A pesar de los drásticos cambios medioambientales que han tenido lugar a lo largo del síndrome del progreso, ¿han cambiado realmente las necesidades humanas psicológicas con el paso de los siglos? Sigue estando muy claro que todavía conservamos nuestras características primarias y primitivas, las cuales nos han permitido hacer frente a las dificultades de la vida. ¿Estamos realmente mejorándonos al crecer en un progreso que se vuelve cada vez más complejo con el paso del tiempo? ¿Significa esto que tenemos que considerar la ausencia de cambio como un fracaso evolutivo?

Ciertamente no hay ningún misterio en la larga historia de nuestro universo tan sorprendente como el comportamiento universal y repetido de sus habitantes. Este tema ha sido tan poco comprendido que no debemos sorprendernos ante la continua insistencia en destruirnos los unos a los otros. Si tenemos que sorprendernos, que sea de nuestra incapacidad de descubrir los secretos de los patrones de comportamiento humano. El estudio de los patrones de la sociedad global o nacional es un campo confuso. Es un campo en el que encontramos a expertos que están en desacuerdo en prácticamente cualquier punto. El único factor generalmente aceptado en la actualidad es la necesidad de caminos adicionales que enfoquen más su atención en el nivel sutil e interno de las cosas, y que al mismo tiempo cumplan con las exigencias más rigurosas de la ciencia.

Los preceptos fundamentales evolutivos apenas han cambiado a lo largo de la historia. Hemos sido testigos de cómo distintas civilizaciones han ido tramando el tejido de la historia conocida, intentando imponer su tipo de orden. Una especie de control sobre el entorno del hombre persiste y sigue formando parte del panorama mundial. Consecuentemente, cuando nos encontramos con información que puede tender un puente entre los dos aspectos de nuestra sociedad es algo realmente emocionante, y aún más, refrescante. Así pues, acudimos de nuevo al *Zóhar* en nuestro intento de arrojar luz sobre las preguntas sociológicas y psicológicas que han sido planteadas.

Rav Shimón, el autor del *Zóhar*, introdujo el tema de la transmigración de almas, diciendo:

> *"Y éstos son los juicios que pondrás delante de ellos"*
> *(Éxodo 21:1). En otras palabras, estas son las reglas*
> *referentes a la reencarnación, a saber: los juicios de las*
> *almas que encarnan otra vez en este mundo, y*
> *mediante los cuales cada una de ellas recibe sus castigos*
> *apropiados*[95].

La reencarnación no es algo del pasado. Rav Yitsjak Luria (el Arí), nos dice que en la época de la Era de Acuario las almas de la generación del Éxodo encarnarán de nuevo[96].

Por consiguiente, la historia de nuestro universo es una historia de almas que regresan. ¿Exactamente qué es lo que explica el ininterrumpido e inalterado proceso evolutivo de la humanidad? Entendamos completamente o no lo que empuja a un alma a entrar en el plano presente, es vital que sepamos que todos hemos estado aquí antes. Por lo tanto, cuando consideramos los patrones de comportamiento del hombre, estamos en esencia viendo aspectos de nosotros mismos en vidas pasadas. Para la mayoría de nosotros la vida es casi como una repetición de nuestras actividades tal como las experimentamos en el *tikún* y de alguna tarea que intentamos antes pero que de alguna manera no logramos alcanzar. Es precisamente por este motivo que el hombre sigue estando en un estado mental psicológico inalterable. Por consiguiente, el hombre sigue conservando sus características primarias y se aferra a formas de existencia bien definidas, hasta el punto que el hombre en el siglo XX es un cortometraje que se reproduce una y otra vez. Lo que parece emerger de la visión kabbalística, y lo que estoy sugiriendo, es que el comportamiento humano no sólo está genéticamente controlado en gran medida sino que, además, el proceso de *tikún* dirige y dicta los rasgos del hombre moderno, así como los patrones de amor, odio y agresión que se exhiben en la actualidad. Ahora bien, sé que esta posición desafía la visión convencional de la mayoría de científicos sociales que afirman que la educación cultural y medioambiental, y no la encarnación o los imperativos biológicamente relacionados, son los que dan forma a la naturaleza humana. Los amplios efectos de nuestro espíritu humano interno se extienden hasta nuestras características, viva una persona en una ciudad o en una comunidad rural.

El comportamiento externo como los rasgos o las costumbres están plenamente determinados por la fuerza cósmica que prevalece en una determinada parte del globo. Si pudiéramos mirar hacia dentro, en el ámbito humano del espíritu, tendríamos una gama casi ilimitada de respuestas a las complejidades de la Tierra. Por consiguiente, la evolución de la intolerancia y el racismo de un individuo, por ejemplo, no partiría de las interacciones y asociaciones presentes con otros grupos. Sólo un entendimiento más amplio del proceso de *tikún* liberará al hombre de la intolerancia y el racismo. Las influencias ambientales no promueven las diferencias conductuales ni físicas entre las personas. Las almas que regresan nos dejan con nuestras pasiones y nuestros odios mezquinos. La rebelión contra la autoridad, la liberación de la mujer y el abandono de la religión son todas características que han mostrado sus caras en alguna ocasión previa en el escenario de la historia. Estas tendencias profundamente arraigadas trascienden la influencia cósmica peculiar de una zona de nuestro globo. Así pues, esto explica por qué algunos países se enriquecen mientras que otros se estancan hasta llegar al desastre económico. Por qué algunas sociedades progresan y otras no puede verse como una relación entre el área específica de la Tierra y su conexión cósmica con la fuerza cósmica. Una sociedad intolerante en su crítica, que mantiene un orden social u ortodoxia rígida, es el resultado de una fuerza cósmica específica que regula su orden social, y no debe considerarse una causa de su conducta social. Las teorías simplistas del determinismo genético no pueden usarse para explicar o justificar el odio racial y la opresión en el caso de la Alemania nazi. Por consiguiente, uno puede plantear una pregunta seria y ciertamente espinosa: ¿implica esto que el nazismo fue cósmicamente regulado? Y, por lo tanto, ¿deben aquellos que participaron en el holocausto ser considerados como los perpetradores de los crímenes cometidos?

Las fuerzas astrales globales lidian y están más estrechamente relacionadas con el comportamiento físico y externo que se extiende por nuestro globo. Éstas determinan los recursos naturales que aparecen en un lugar y no en otro. Gobiernan los datos metafísicos, procesando información, en la cual la externalización —las expresiones físicas de las costumbres y los rasgos— se convierte en el hábitat para almas que, por razones del proceso de *tikún*, se ubicarán en una zona particular del planeta en lugar de otra. Las diferentes características definen la expresión física del alma, y por lo tanto el área de actividad en el proceso de *tikún*. Por consiguiente, los asuntos relacionados con la cultura exterior de cualquier nación dependerán de la fuerza cósmica particular que gobierne esa área. La materialización científica fría y racional dependerá de la extensión y la intensidad del Deseo de Recibir de la influencia astral específica que generan estas fuerzas cósmicas. El desarrollo científico, o la falta de éste, depende del Deseo de Recibir. ¿Qué es un país próspero sino el poder majestuoso de su Deseo de Recibir? ¿Por qué una nación mantiene un patrón de tecnología avanzada sino es con el propósito de lograr la dominación y supremacía definitivas como potencia mundial?

Es precisamente aquí donde la distinción entre la influencia cósmica global y el libre albedrío del hombre y su amor innato por compartir se siente con más intensidad. Los criminales contra la humanidad fueron colocados dentro del marco de referencia particular de negatividad cósmica que prevalecía en Alemania. Éstos eran los mismos individuos que regresaban encarnados de acuerdo a su fracaso anterior en el proceso de *tikún*. Ahora se enfrentaban a un desafío similar entre ejercer su libre albedrío y coartar la fuerza cósmica de negatividad extrema o sucumbir ante su influencia.

Ahora podemos preguntarnos, ¿es esto realmente justo? La respuesta se halla precisamente en el propósito de la Creación en su mismo origen[97], concretamente en la eliminación del Pan de la Vergüenza. Estos marcos de referencia negativos proporcionan al hombre una oportunidad de ejercer el libre albedrío y, por lo tanto, de lograr la eliminación del Pan de la Vergüenza. Obviamente, si estas fuerzas cósmicas negativas no existieran, entonces el hombre simplemente se avendría a una especie de inteligencia preprogramada que dicta la filosofía del compartir y deja poco espacio para nuestras pasiones destructivas, odios y otros rasgos despreciables que nos distinguen de las computadoras. Por consiguiente, si bien por un lado la negatividad cósmica provocó y desencadenó un comportamiento de odio dentro del marco de la Alemania nazi, esta influencia tan poderosa pudo y debió haber sido regulada y controlada. Esta es la obligación y el propósito del libre pensamiento y la libre elección de la humanidad.

Nuestra capacidad para estudiar el universo ha dependido principalmente de la información recibida en la luz visible. Para avanzar en nuestra comprensión del universo material en el que vivimos, es necesario empezar a observar su dinámica intrínseca interna.

> *Jerusalén es el centro de energía del mundo. De forma similar, hay siete Tierras Abajo, una más elevada que la otra, siendo la tierra de Israel la más elevada de todas y Jerusalén el punto (centro de energía) más elevado de todo el mundo habitado*[98].

Esta no es la primera vez que el *Zóhar* señala el enorme poder que parece estar localizado dentro del centro de energía de Israel.

> *Dice en el Libro de Rav Hamnuná Saba (el Anciano), en conexión con las palabras: "Ahora se proclamó allí un nuevo rey sobre Egipto", que todas las naciones del mundo pasadas, presentes y futuras, y todos sus reyes, se vuelven poderosas sólo debido a Israel. Egipto, por ejemplo, no gobernó sobre todo el mundo antes de que Israel se instalara allí. Lo mismo es cierto de Babilonia (586 a. e. c.), Grecia (200 a. e. c.), así como Edom (Roma, 60 a. e. c.). Antes de eso, todas estas naciones eran totalmente insignificantes y despreciables. Fue enteramente gracias a Israel que se volvieron grandes*[99].

La verdad en estas palabras del *Zóhar* se vuelve asombrosamente clara si consideramos por un momento el destino de la tierra de Israel en relación con la trayectoria de la historia de otras naciones del mundo. Así pues, encontramos que el imperio persa de Siria alcanzó su cumbre en el momento en que los judíos exiliados fueron a vivir allí. Un fenómeno similar ocurrió en el caso de los imperios babilonio, griego y romano, y más recientemente en el imperio otomano. El ejemplo más reciente de este patrón extraordinario es el imperio británico. En cada caso, el área en cuestión alcanzó la cumbre de su influencia internacional en el momento en que gobernó sobre la tierra de Israel, y empezó su descenso a partir del momento en que perdió posesión de dicha tierra.

Cuando los patrones se empiezan a formar, debemos considerar la fuerza o fuerzas metafísicas que hay detrás de ellos. El *Zóhar* revela la existencia de estas fuerzas internas cósmicas que dan forma a la historia de nuestro universo. En su descripción de Israel, uno no puede evitar fijarse en la interconexión entre antiguas potencias mundiales y en centro de energía intrínseco de Israel. Esta es precisamente la razón por la que las naciones han querido emplear sus recursos energéticos. No obstante, el *Zóhar* advierte que este asombroso centro de poder cósmico que hace girar el universo también puede amontonar destrucción en aquellos que no están familiarizados con él o que carecen del vínculo adecuado para la conexión cósmica. Así pues, esto nos proporciona otro ejemplo de la influencia atmosférica de la Tierra sobre el destino de la humanidad. Proporcionar a un alma encarnada un ambiente que cumple con las especificaciones del proceso de *tikún* hará que algunas almas aparezcan en una parte concreta del globo con el fin de cumplir su *tikún*.

Por consiguiente, cuando planteamos la pregunta de por qué las cosas suceden como suceden en un área y en otra no, vemos que las personas que hicieron la historia estaban destinadas a regresar donde lo hicieron, ejerciendo influencias astrales sobre la Tierra como parte integral de todo el mundo de la reencarnación.

CAPÍTULO VEINTICUATRO

LA ATLÁNTIDA

La humanidad y sus civilizaciones, como nosotros en la actualidad, han nacido, han dejado su impronta y tarde o temprano todas morirán. Este patrón continuará manifestándose hasta que la cortina final descienda en la Era de Acuario.

En los últimos años hemos sido testigos de grandes logros en la radio, la astronomía y el nacimiento de la era espacial. Aunque la humanidad ha existido en este planeta durante miles de años, la historia relatada en la Biblia es prácticamente todo lo que tenemos en el ámbito de la documentación registrada.

Incluso los cinco mil años aproximadamente de historia bíblica no son suficientemente conocidos.

La mayoría de nosotros estamos familiarizados con la historia de la isla de Atlántida narrada por Platón. La isla de Atlántida gobernaba sobre África hasta la frontera de Egipto y Europa y la Toscana en la península itálica.

Una noche fatal la isla fue destruida por terremotos e inundaciones. Se hundió en el océano y se desvaneció, y nunca más se supo de ella. Según la historia, los habitantes de esta isla habían alcanzado un nivel altamente sofisticado de desarrollo de conciencia. Al alcanzar este nivel de conciencia cósmica, habían logrado el control total de los campos de energía y de su entorno. Lamentablemente, hubo algunos entre ellos que intentaron utilizar este enorme poder para esclavizar a otros. De esto resultó un conflicto que llevó a la destrucción final de su tierra.

Los terremotos y otros desastres fueron el resultado directo de un choque interno entre el bien y el mal, lo cual ocasionó esta catástrofe. Los sobrevivientes que lograron llegar a otras tierras juraron que este conocimiento nunca sería revelado al público. Los secretos de la energía cósmica y solar quedarían para unos pocos elegidos. Los aspirantes deberían demostrar, a través de su piedad, su capacidad para hacer un uso correcto de este conocimiento secreto mucho antes de que la enseñanza estuviera disponible; y sólo entonces, cuando el estudiante estaba preparado, aparecería el maestro. Los candidatos estaban equipados con información que dependía de su nivel de espiritualidad: un nivel en el cual estaban preparados para utilizarlo "no sólo para ellos mismos". Al haber sostenido un nivel elevado de conciencia, se convirtieron en los receptores de este conocimiento que no estaba disponible para la persona común.

La historia continúa ocupando la imaginación de las personas instruidas. Mientras que muchos pensaban y todavía piensan que el relato de la Atlántida fue un producto de la imaginación de Platón, aun en el presente, la leyenda, tal como la describió Platón, sigue persistiendo y se resiste a desaparecer. Simplemente parece no haber un armario apropiado en el cual se pueda esconder esta historia.

Los poetas y los autores de ficción han explotado libremente este relato; los hombres de ciencia lo han hecho con cautela. A finales del siglo XIX se enviaron expediciones al Océano Atlántico en búsqueda de la Atlántida. Recientemente, antes de la Segunda Guerra Mundial, se crearon sociedades con el propósito de investigar el fenómeno de la isla hundida. Aunque se ha especulado mucho sobre su localización, las investigaciones y las discusiones acerca de los descubrimientos culturales y científicos parecen ser mucho más interesantes.

¿En realidad las antiguas civilizaciones fueron iguales o más avanzadas en ciencias de la información que la nuestra? Lamentablemente, o afortunadamente, consideramos que nuestra era es la más iluminada y sofisticada de toda la historia, y que la historia de la Atlántida es un mito. Digo afortunadamente simplemente porque a una teoría no existente se le ha impedido atravesar las paredes de la investigación científica. El Diluvio Universal parece haber afectado a todas las culturas conocidas de la Tierra. Las grandes bibliotecas del pasado representaban los intentos del hombre de salvar todo lo posible que proporcionara algunas pistas de antiguas civilizaciones que parecían haberse esfumado en el aire.

Incluso bajo nuestros propios criterios, la grandiosa envergadura de la biblioteca de Alejandría era increíble. Creada en el año 330 a. e. c. en honor de Alejandro Magno, Alejandría fue la capital del reinado ptolemaico durante unos 300 años. Siendo la cuidad más grande conocida en el mundo occidental de entonces, Alejandría se congratuló a sí misma albergando dos enormes bibliotecas que contenían alrededor de 700.000 libros no conocidos. Después del Diluvio y otras catástrofes globales, los eruditos que sobrevivieron emprendieron la tarea de reestructurar la historia documentando la sabiduría humana del pasado y preservar el conocimiento. Estos logros fueron prácticamente destruidos cuando el mismo Julio César quemó esta gran biblioteca hasta reducirla a cenizas, acabando así con una gran diversidad de material importante.

La increíble colección de Pisístrato en Atenas sufrió un destino similar. Todo lo que nos queda hoy son los poemas de Homero. Cartago, una antigua ciudad en el Norte de África fundada por los fenicios cerca de la actual Túnez, vio cómo su grandiosa biblioteca, que albergaba más de medio millón de volúmenes, era destruida por las legiones romanas en el año 146 a. e. c.

Debe haberse recopilado una gran cantidad de información a lo largo de las investigaciones arqueológicas de eras previas. Irónicamente, la Biblia, junto con el Libro del Esplendor (el *Zóhar*) no se ha considerado ni aún se considera una fuente fiable de información histórica.

Gran parte del material antediluviano del hombre parece haber desaparecido o haber sido destruido de forma permanente. Sin embargo, la Biblia persiste tenazmente como fuente de desarrollo histórico y se niega a desaparecer. El pergamino de la Torá, en cualquier parte del mundo en la que se encuentre, retiene su originalidad. Asimismo, de acuerdo con el punto de vista de la Halajá, aun una sola letra incorrecta invalidaba por completo el uso del mismo[100]. Esta, en mi opinión, es precisamente la razón por la cual la Biblia debe considerarse como un manantial de información ancestral. Ésta podría parecer ser la razón de su abandono. Su autenticidad es demasiado exacta y detallada. La ciencia todavía se tropieza en sus esfuerzos por reconstruir el pasado.

Desde un punto de vista bíblico, no hay ningún estudio que apele con más fuerza a la imaginación del individuo que el de la gente del Gran Diluvio y la generación de la Torre de Babel. Volviendo a nuestra pregunta sobre si las antiguas civilizaciones eran igualmente o quizá más avanzadas en las ciencias de la información, acudamos al pasaje bíblico que se refiere a la Torre de Babel[101].

> *"Toda la tierra hablaba una sola lengua (Hebreo) y las mismas palabras. Cuando viajaban del Oriente (heb. mikedem, también: 'antaño'), hallaron una llanura en la tierra de Sinar, y se establecieron allí".*

El *Zóhar*[102] discute este versículo de la siguiente manera:

> *El término "mikedem" significa lejos de la fuente del mundo. Eso fue lo que "hallaron". Deberíamos haber esperado "vieron", pero la palabra "hallaron" se utiliza*

*para indicar que hallaron restos de sabiduría secreta
que habían sido dejados por la Generación del Diluvio,
y con eso hicieron su intento de provocar la fuente.
Como dijeron, hicieron. Ven y ve: Está escrito: "He
aquí, son un solo pueblo y todos ellos tienen la misma
lengua. Y esto es lo que han comenzado a hacer, y ahora
nada de lo que se propongan hacer les será imposible",
el Juicio Celestial nada podía hacer contra ellos. Rabí
Yosi dijo: De aquí aprendemos que las gentes
pendencieras pronto llegan a la aflicción, puesto que
vemos aquí que mientras las gentes del mundo vivían
en armonía, siendo de una mente y una voluntad,
aunque se rebelaron contra la fuente, el Juicio Celestial
no podía tocarlos; pero tan pronto como se dividieron,
el Santísimo, bendito sea Él, los dispersó fuera de allí.*

Los relatos del Gran Diluvio y la Torre de Babel describen una arrolladora destrucción que llegó al mundo entero. El Diluvio fue el más devastador. El agua cubrió las tierras y aniquiló a los habitantes de la Tierra, borrando todos los recuerdos de lo que había sucedido antes. Además, la sabiduría secreta mencionada en el *Zóhar*, que era el asombroso poder de civilizaciones avanzadas anteriores, despareció junto con la inundación.

No obstante, el catastrófico Diluvio no evitó la reaparición de las eras doradas de la civilización y la ciencia. Las ruinas de muchas civilizaciones avanzadas hablan por sí solas. La ciudad de Menfis en Egipto, construida por el Faraón Menes, el complejo del Templo Karnak y otras partes del mundo antiguo son testimonios del nivel tecnológico que una vez existió.

La civilización de la Era de Babel fue testigo de la ciencia real que nació en los períodos más remotos de la antigüedad. Las civilizaciones avanzadas, tremendamente diferentes y en muchos casos más grandes que la nuestra propia, han existido en el pasado, tal como está registrado en la fuente más antigua y fiable de la historia documentada: la Biblia. Babel fue eclipsado debido a que el Eterno confundió su lengua[103] y fue de nuevo reestablecido con la caída del Reino Medio de Egipto y el Gran Éxodo. Alcanzó su cumbre durante el período del Primer y Segundo Templos, momento en el que se puso de moda. Una vez más, la destrucción del Segundo Templo trajo con ella la desaparición de este poder asombroso. Su reaparición y desarrollo tendría que esperar hasta la Era de Acuario[104].

¿Dónde se originó este conocimiento del hombre de la antigüedad? ¿Dónde está hoy en día? Mientras que los historiadores modernos rechazan la idea de que el hombre de la antigüedad poseía un conocimiento amplio y avanzado, hay muchas pruebas que indican que existieron grandes avances tecnológicos durante tiempos antiguos.

El Diluvio bíblico parece haber afectado a todas las culturas conocidas de la Tierra. Entonces, ¿cómo adquirió el hombre de la antigüedad este conocimiento de poder? "Este es el libro de las generaciones de Adam". En el *Zóhar* se afirma lo siguiente[105]: "Rabí Aba dijo: El Santísimo, bendito sea Él, ciertamente envió un libro a Adam a través del cual él se familiarizó con la Sabiduría Celestial de la Fuente de Poder. Luego llegó a manos de los 'hijos de Dios'[106], los sabios de su generación". Aquel que tenía el privilegio de leerlo podía aprender del asombroso poder de la Fuente y su sabiduría. Este libro fue descendido a Adam por el guardián de los secretos, el ángel Raziel.

Tres ángeles siempre acompañaban y custodiaban el libro para evitar que cayera en manos impropias. Cuando Adam fue expulsado del Jardín de Edén intentó quedarse con este libro, pero voló de sus manos. Él rezó al Eterno con lágrimas para que regresara.

Se le devolvió para que la sabiduría no fuera olvidada por el hombre y para que se esforzaran por obtener el conocimiento del Creador mediante el entendimiento de la Fuente del Poder, la Fuerza de Luz. También aprendimos que Janoj (Enoc) tenía el libro, que acabó conociéndose como el *Libro de Janoj*[107]. Cuando el Eterno se llevó a Janoj, le enseñó todos los misterios celestiales y el Árbol de la Vida en medio del Jardín de Edén. Janoj trasmite este conocimiento a aquellos que están preparados para recibirlo, además de todas las hojas y ramas del Árbol de la Vida.

Felices son aquellos de piedad espiritual exaltada a quienes se les revela la sabiduría y para quienes nunca será olvidada. Así lo afirman las escrituras: "Los secretos del Eterno son para los que le temen, y Él les hará conocer Su pacto"[108].

Ésta era entonces la fuente de la cual el hombre espiritual podía beber para saciar su sed de conocimiento, sabiduría y poder. La idea de que antes y durante la Era Dorada de Rav Shimón bar Yojái los sabios poseían el conocimiento de la Tierra entera y de todos sus habitantes está claramente demostrada en el *Zóhar*[109].

> *"En el libro de Rav Hamnuná Saba (el Anciano) se explica con más detalle que todo el mundo habitado es circular como una bola, de forma que algunos están arriba y algunos están abajo".*

Se ha especulado mucho sobre la localización no sólo de la Atlántida sino también del conocimiento avanzado de sus habitantes. ¿Dónde se originó la idea de la Atlántida, si es que existió en absoluto? Estrabón, el filósofo, historiador y geógrafo griego, así como el famoso romano Plinio el Viejo, eran ambos de la opinión que el relato de la Atlántida era una ilusión de Platón. Platón mismo no tenía acceso a ninguna obra literaria que pudiera haber arrojado luz sobre este asunto, puesto que el conocimiento sobre civilizaciones previas y sus hombres instruidos había sido destruido por el fuego o las catástrofes. Todo lo que Platón podía hacer e hizo es documentar la historia transmitida de dos generaciones anteriores de parte del sabio gobernador de Atenas, Solón[110]. Solón, en una visita a los sumos sacerdotes de Egipto, escuchó la siguiente historia (tal como fue escrita por Platón):

> *El océano que había allí en aquel tiempo era navegable. Pues en frente de su boca (podemos entender que esto*

*significa Gibraltar), que ustedes los griegos llaman los
Pilares de Heracles, había una isla que era más grande
que Libia y Asia juntas. Para los viajeros de aquella
época era posible cruzar desde ésta hacia otras islas, y
desde las islas en adelante a todo el continente frente a
ellos que rodeaba ese océano. Más allá hay un océano
real, y la tierra que lo rodea puede considerarse un
continente. En esta isla de Atlántida existía una
confederación de reyes, un poder grande y maravilloso
que dominaba toda la isla y muchas otras tierras.*

Este es el relato de Platón. El sacerdote le dijo a Solón que un
día este poderoso reino de la Atlántida cerca del Océano
(Atlántico) se sumergió y se hundió para siempre bajo el agua.
¿Qué fue de sus habitantes? ¿Simplemente se ahogaron o su
información avanzada permaneció viva?

Lamentablemente, la Atlántida es un poco vanidosa y no está
dispuesta a revelar su presencia. Los novelistas y los poetas son
persistentes y, por lo tanto, haré el intento de contarles algo
sobre su existencia y la naturaleza de la gente que habitaba allí.

*Pues siempre que el Santísimo, bendito sea Él, permitía
que los misterios profundos de la sabiduría descendieran
al mundo, la humanidad se corrompía por éstos e
intentaba declarar la guerra a la Fuente, el Santísimo,
bendito sea Él. Él dio Sabiduría Celestial a Adam, pero
Adam utilizó la sabiduría que se le reveló para
familiarizarse y apegarse al yetser hará (inclinación al
mal) y las fuentes de la sabiduría le fueron cerradas.*

Después de arrepentirse, parte de la sabiduría le fue de nuevo revelada. Nóaj recibió la sabiduría, pero después "bebió del vino y se embriagó, y se descubrió en medio de su tienda"[111]. Entonces le dio la sabiduría a Avraham, quien a través de ésta sirvió al Todopoderoso. Pero entonces su hijo Yishmael provocó al Santísimo, bendito sea Él. Lo mismo sucedió con Yitsjak, quien recibió la sabiduría, pero su hijo Esav también provocó al Santísimo, bendito sea Él. Con respecto a Yaakov, la sabiduría no era completa, puesto que se casó con dos hermanas. Él dio la sabiduría a Moshé, de quien está escrito: "Es fiel en toda Mi casa"[112].

La civilización de la Torre de Babel, debido a esta sabiduría, provocó al Eterno y construyó una torre. Hicieron varios tipos de maldades hasta que fueron dispersados por toda la faz de la Tierra y no quedó nada de la sabiduría. Pero en la Era de Acuario, la Fuerza de Luz, el Santísimo, hará que la sabiduría se disemine por el mundo, y toda la gente del mundo hará uso del poder con propósitos útiles y dignos, tal como está escrito: "Y pondré dentro de ustedes Mi espíritu"[113] en contraste con las generaciones antiguas, que lo utilizaron para arruinar y explotar el mundo[114].

Mientras que el *Zóhar* y el versículo citado apuntan a la reaparición de la sabiduría, ¿por qué método o enseñanza adquirirán "todas las gentes del mundo" esta sabiduría?

Rabí Yosi y Rabí Yehuda entraron en una caverna y al fondo de ésta encontraron un libro oculto en la grieta de una roca. Rabí Yosi lo sacó y vio setenta y dos formas de letras que le habían sido entregadas a Adam. Los dos empezaron a examinar el libro. Tan pronto como hubieron estudiado sólo dos o tres de las páginas, se encontraron contemplando esa Sabiduría Celestial. Pero en cuanto empezaron a profundizar en el libro, una llama ardiente golpeó sus manos y el libro se desvaneció de su vista.

Cuando acudieron a Rabí Shimón, le contaron lo que había ocurrido. Rabí Shimón contestó: El Santísimo, bendito sea Él, no desea que se revele tanto al mundo, pero cuando la Era de Acuario se acerque, hasta los niños pequeños descubrirán los secretos de la sabiduría. En aquel momento será revelada a todos, como está escrito[115]: "Porque entonces daré a las gentes un lenguaje puro"[116].

Ellos, en el futuro, comerán del Árbol de la Vida, el sabor del cual vendrá a través del Zóhar, el Libro del Esplendor[117].

Uniendo todo esto, el *Zóhar* puede resultar ser la clave como instrumento viable en el logro del objetivo final del hombre, nada menos que la paz y la armonía tan buscadas a lo largo de los dolorosos milenios.

Así pues, hemos redescubierto la Fuerza de Luz, la Sabiduría, pero ¿dónde están todas las personas que poseían este asombroso poder? ¿Dónde fueron a parar? ¿Por qué no podemos encontrar ni rastro de ellas? ¿Acaso siguieron el camino habitual de toda la carne y simplemente murieron como la mayoría de los habitantes de la Tierra que apenas dejan rastro de su existencia?

Podríamos preguntarnos por qué estamos tan interesados en la Atlántida en primer lugar. ¿Por qué no estamos tan preocupados por los detalles de nuestros abuelos y de sus abuelos antes de ellos? La respuesta quizá es la vida. A lo largo de los siglos, la humanidad ha especulado sobre la vida en otros mundos. Desafortunadamente, estos otros mundos en nuestro propio sistema solar parecen estar desérticos. Sin embargo, una pregunta mucho más amplia es si puede haber planetas alrededor de otras estrellas en otro lugar del universo.

A lo largo de la historia se ha especulado mucho sobre el origen o propósito de los planetas. La verdad es que nadie sabe con certeza cuál o si alguna de las teorías presentadas es correcta. No obstante, lo que más le interesa a la humanidad es la posibilidad de la existencia de vida en algún otro lugar además de la vida que vemos en la Tierra. Curiosamente, justo cuando muchos científicos están buscando pruebas de inteligencia o formas de vida extraterrestres, muchos de ellos están hablando cada vez más abiertamente sobre las posibilidades de su existencia. Ya se ha iniciado un estudio sobre la vida en el universo, la cual hasta ahora ha sido un tema de los libros de ficción. La cuestión ya no es preguntarnos si hay alguien allá fuera. El problema es cómo establecer el primer diálogo interplanetario. El desafío inmediato para el hombre es contactar a seres de estos planetas, puesto que nuestra presencia ha sido revelada mediante el desarrollo de nuestras emisiones de radio y televisión al espacio exterior en los últimos cuarenta años. Los nuevos descubrimientos están alentando a los astrofísicos en su investigación sobre la vida en el espacio exterior. La presencia de un gran número de moléculas orgánicas complejas en el universo anula las teorías previas que postulaban que tales formas de vida no podían existir en el espacio. Puede que salga a la luz que el cosmos contiene un gran número de entidades inesperadas e impredecibles.

Sin embargo, desde una cosmovisión kabbalística estos descubrimientos por sí mismos no señalarían la existencia de otros mundos habitados. Aunque parecería lógico, no es probable. Para que las formas inteligentes controlen el universo con el asombroso poder y sabiduría de la Fuerza de Luz, deben estar contenidas dentro de una forma corporal física tal como estamos aquí en la Tierra. Es precisamente la ausencia de esta sabiduría lo que permite a un científico creer que la Tierra es un planeta con un destino fatal. Aseguran que la muerte del Sol es inevitable, y que mientras se va consumiendo, los que estamos aquí en la Tierra nos enfrentamos a la perspectiva de morirnos congelados. La migración masiva al espacio exterior es ciertamente una alternativa terrible. Adquirir sabiduría es una alternativa más razonable.

Si la existencia de otros mundos habitados es improbable, ¿dónde podemos acudir entonces en nuestro intento de localizar una sola señal extraterrestre? Recuerda que nosotros los kabbalistas somos científicos, no escritores de ciencia ficción. Incluso nuestras teorías, si no están basadas en observaciones y hallazgos, deben necesariamente no entrar en conflicto con los descubrimientos probados. Lo que puedo decir en este momento es que millones de aficionados al cine insisten en ir a ver películas que escenifican y tratan sobre formas y sistemas de vida extraterrestres. ¿Quién puede decir que este interés no es un indicador de lo que está por venir?

Una de las descripciones más notables y espaciales de otras formas de vida humanas que he leído o escuchado aparece en el *Zóhar*. Este relato y descripción podría muy bien convertirse en la base de investigaciones futuras.

De forma similar, el mar está lleno de diferentes criaturas, como está escrito:

> *"¡Cuán numerosas son Tus obras, oh Eterno! Con sabiduría las has hecho todas; llena está la tierra de Tus posesiones. He allí el mar, grande y anchuroso, en el cual hay un hervidero innumerable de animales tanto pequeños como grandes. Allí surcan las naves, y el Leviatán que hiciste para jugar en él"* [118].

El *Zóhar* también dice:

> *Rabí Nehorái Saba (el Anciano) viajó en el gran mar. Hubo una tormenta en el mar y todos a bordo del barco perecieron. Un milagro le sucedió y descendió a través de ciertos senderos en el mar y salió bajo el mar a una*

civilización. Vio criaturas, todas ellas pequeñas, que estaban orando, pero no entendió lo que decían. Un milagro le sucedió y subió. Él dijo: ¡Benditos son los justos que se afanan en la Torá y conocen los misterios de los secretos celestiales! ¡Ay de aquéllos que están en desacuerdo con lo que dijeron y no son creyentes! Desde ese día EN ADELANTE, él lloraba cuando LOS SABIOS hablaban palabras de la Torá en la casa de aprendizaje. Le preguntaban: ¿Por qué lloras? Les dijo: Porque yo pequé contra el creer en las palabras de los sabios; ESTO ES: ÉL NO CREÍA QUE HABÍA SIETE TIERRAS, EN LAS CUALES HABÍA CRIATURAS EXTRAÑAS, HASTA QUE LAS VIO, COMO SE EXPLICÓ. Y yo temo retribución en ese mundo[119].

De ningún modo el *Zóhar* ha revelado todos sus misterios. Aunque dejemos a un lado la idea profunda del viaje marino [posiblemente a una profundidad de miles de kilómetros], el descubrimiento de una civilización existente, sigue habiendo preguntas cuyas respuestas plantean más preguntas que las respuestas dadas.

No obstante, antes de proceder con nuestra investigación, examinemos a Rav Nehorái y algunas pistas sobre los recovecos internos de este sabio milagroso, un tanaita que vivió en el siglo II y que es mencionado tres veces en la *Mishná* y en otras secciones del *Talmud*[120]. La mayoría de sus declaraciones son de naturaleza *Agádica* (pertenecen a la Agadá). Sin embargo, una de sus declaraciones acerca de la Era de Acuario es digna de mención. "En la generación de la Era de Acuario, los jóvenes insultarán a los ancianos, los ancianos se alzarán en la presencia de los jóvenes, las hijas se alzarán contra sus madres y las nueras contra sus suegras. El rostro de la generación será como el rostro de un perro, y un hijo no se retraerá en la presencia de su padre"[121].

Esta es una predicción pesimista para el epítome del logro intelectual humano. Si la Era de Acuario señala el camino hacia una era de iluminación tal como el *Zóhar* parece indicar, ¿cómo reconcilia uno estos dos panoramas del mismo momento en el tiempo?

Lo llamaban *Nehorái* (Luz) porque iluminaba los ojos de sus compañeros con conocimiento. Esta fue precisamente la razón por la que lloró cuando entró en la casa de estudio. Él recordó las palabras de Rav Shimón, quien también lloró y dijo: "¡Ay de aquéllos que estén presentes en ese tiempo (la Era de Acuario), y bendita es la porción de aquél que esté presente y que posea la capacidad espiritual de asistir a ese tiempo!"[122]. Rav Shimón explicó este comentario paradójico de la siguiente manera: "¡Ay de aquel que esté presente en ese tiempo, porque la revelación de la enorme Luz cósmica de energía será un tormento de agonía para aquellos que no estén preparados para lidiar con ésta! Sin embargo, ¡feliz es aquél que esté presente en ese tiempo porque merecerá esa Luz de alegría del Rey!". Rav Shimón confirmó que la Era Mesiánica traerá con ella una Luz que representa la inyección de iluminación espiritual en todos los mundos. Aquellos que no estén bien preparados para encontrarse con la Era de Acuario y el desafío de una era de iluminación, sufrirán un dolor y una aflicción nunca antes vivida por el mundo.

Rav Nehorái experimentó un encuentro cercano del tipo real. Su contacto con alienígenas de una civilización avanzada, una sociedad que puede sobrevivir en un entorno mecanizado, lo conmovió hasta las lágrimas. Se dio cuenta de que una civilización con un grado de desarrollo superior al que conocemos en el presente sufría el destino de todos aquellos que no estaban preparados para manejar la sabiduría profunda. Aquí estaban los restos de la gente de la Torre de Babel. Un vivo testimonio de lo que puede sucederle a una cultura avanzada cuando hace un mal uso de los ideales espirituales de la Fuerza de Luz, de la Sabiduría Eterna.

La destrucción de la Atlántida tal como la describió Platón fue el resultado inevitable del mal uso y el abuso de la Sabiduría Eterna, como hicieron muchas civilizaciones anteriores. Adam, la gente del Gran Diluvio y la sociedad de la Atlántida, a la cual se refiere la Biblia como la civilización de la Torre de Babel, y la revelación de esta sabiduría en la Era de Acuario fueron la causa de que Rav Nehorái llorara: "¡Ay de aquellos que no estén preparados para lidiar con ésta!".

La carrera ha empezado para ver quién será el primero en capturar esta Sabiduría y esclavizar a los demás. Recordando lo ocurrido en el pasado, el Rey David escribió: "Dios es nuestro refugio y fortaleza, nuestro pronto auxilio en las tribulaciones. Por tanto, no temeremos aunque la tierra sufra cambios, y aunque los montes se deslicen al fondo de los mares"[123].

CAPÍTULO VEINTICINCO

TELEPORTACIÓN

La nueva era de la física nos dice que las partículas o masa como tales no existen. Más bien que todo en el universo es energía. Las cosas que observamos en realidad son sólo estructuras mentales y tienen forma sólo mientras son observadas como tales. Por muy extraño que parezca, este fenómeno es ahora aceptado como verdad.

Descubrimos que cuanto más de cerca examinamos la energía, más fácilmente desaparece en la conciencia. El mundo físico continúa existiendo. La existencia debe verse como un efecto y no una causa de las cosas; como una vasija de energía y no como la energía en sí misma.

Tomando este concepto un poco más lejos, la energía es una expresión del pensamiento y la inteligencia. Lamentablemente, no estamos preparados para lidiar con nuestro mundo físico en términos de inteligencia o pensamiento. Es un paso demasiado grande en este momento del tiempo saltar de una percepción física de nuestro universo a una en la que la realidad es metafísica. Ver cosas a nuestro alrededor como energías o inteligencias en lugar de campos de energía requerirá un enorme ajuste. Cuando nos relacionamos con el aura de los humanos, que es magnética, estamos descubriendo en realidad la inteligencia interna y la fuerza cósmica del individuo.

Las personas espirituales con capacidades clarividentes inusuales están sintonizadas con esta fuente universal de energía y conciencia. Lo que esto significa en realidad es que las habituales *klipot* (capas) que rodean a la persona común no están presentes. A través de la actividad espiritual manifestada por el Deseo de Compartir, han eliminado estas obstrucciones.

Por consiguiente, estas personas a menudo son capaces de ocasionar e infundir serenidad, una sensación de bienestar y estados elevados de conciencia en y con otras personas. El individuo común no puede irradiar este tipo de energía o inteligencia, a pesar de que, tal como señala el *Talmud*[124] "cada persona tiene un aura física que se extiende cuatro *amot* (2,24 metros)".

La naturaleza de la energía y la inteligencia, y hasta qué punto coexisten como expresiones de una fuerza singular, seguramente perturbará a muchos lectores de este libro. No obstante, hay una tendencia creciente entre los investigadores a estar de acuerdo en que la mente y el cerebro no son lo mismo. La inteligencia como tal no puede hallarse dentro del marco del cerebro orgánico. La enorme red de neuronas y respuestas nerviosas del cerebro pueden ser esquematizadas, detectadas y monitoreadas por los científicos. La inteligencia y la conciencia en sí misma continúan eludiéndolos. Las células, moléculas y partículas subatómicas y otros segmentos físicos tienen poco que decir con respecto a lo que ocurre realmente en el cerebro. Estas entidades externas parecen limitarse a transferir o hacer manifiesta la inteligencia. De forma similar, los campos de energía sirven como canales a través de los cuales las fuerzas de inteligencia internas encuentran su expresión.

Esta inteligencia interna dentro de nuestro campo magnético fluye también más allá del cuerpo individual. Podría compararse con una ola de calor que viaja desde un objeto metálico incandescente. El cuerpo físico del hombre vive dentro de este campo de energía. La esfera de actividad se extiende hasta un poco más de dos metros en el entorno inmediato. Este fenómeno es el aura, que en realidad es una imagen de las inteligencias de energía de los procesos de la vida de la persona. Representan la trascendencia del terreno físico de la materia. Y aunque están atadas y conectadas a la estructura y el contenido del cuerpo, tienen sus propias leyes y principios metafísicos relativos al tiempo, el espacio y el movimiento.

Desde el punto de vista kabbalístico de la energía inteligente, se sabe que estas auras han llegado a extenderse más allá de la limitación habitual de los dos metros. De hecho, si todavía no estás seguro de a qué me estoy refiriendo, permíteme decirlo tan claramente como pueda: teleportación.

La teleportación es el transporte teórico de materia a través del espacio convirtiéndolo en energía y luego reconvirtiéndolo en un punto terminal. ¿Puede una persona ser transportada por el espacio? ¿Puede aparecerse realmente ante otras personas en otros extremos de la Tierra? ¿No parece que la mente, o como prefiero llamarla: el factor de inteligencia, no esté limitada por el espacio en el estado de ensueño? El soñador puede aparentemente viajar a través del espacio. Puede ir adelante o atrás en el tiempo. En nuestros sueños podemos contactar a personas o familiares que ya han fallecido.

Si bien esta experiencia extracorporal no se parece al fenómeno de la teleportación, aun así se ha producido una separación. Además, debemos admitir las diferencias entre el estado de vigilia y el estado de sueño o ensueño. Investigaciones recientes indican que la telepatía mental funciona mucho mejor durante el estado de ensueño que en el de vigilia. No obstante, la idea importante es que uno experimenta y se encuentra separado de su cuerpo físico. Las experiencias extracorporales están ahora siendo exploradas en laboratorios del sueño. Los dos principales laboratorios de investigación que están llevando a cabo experimentos para determinar la precisión del viaje astral son el Centro Médico Maimónides en Nueva York y la Universidad de California.

Volviendo al fenómeno de la teleportación, puedo decir que la mayoría de nosotros hemos vivido esta experiencia en algún u otro momento. ¿Cuántas veces nos ha dicho un amigo que habría jurado que nos había visto en un lugar en el que no estábamos? Estamos seguros de que nos ha confundido con otra persona. Sin duda, la persona que vieron era probablemente alguien que "se parecía mucho a ti". En algunos casos, la determinación de nuestra presencia es más bien empática, pero para gran consternación de quien nos vio, en realidad no éramos nosotros. ¿Fue una ilusión o estábamos en dos lugares al mismo tiempo?

La ciencia occidental no se ha tomado en serio el estudio de la teleportación. Por otro lado, la Kabbalah considera la posibilidad de la transferencia de energía inteligente como algo muy real, y cita muchos ejemplos en los que la energía inteligente de un individuo se manifestó en otro lugar.

> *"Los dos ángeles llegaron a Sodoma al caer la tarde, cuando Lot estaba sentado a la Puerta de Sodoma. Al verlos, Lot se levantó para recibirlos..."*[125].

> *Rabí Yitsjak preguntó: ¿Por qué corrió Lot tras ellos? La respuesta es que Lot vio la imagen de Avraham y, por lo tanto, corrió hacia ellos*[126].

El *Zóhar* no indica en ningún momento que Lot estuviera alucinando o que sufriera de un aislamiento sensorial. Al contrario, sostiene el *Zóhar*, Lot sabía muy bien que su aceptación de desconocidos, así como su hospitalidad hacia ellos podría significar su muerte.

> *He tomado nota de su comportamiento hacia sus semejantes, lo cual causa que todos los hombres eviten*

poner pie en Sodoma y Gomorra; pues si a alguien se le detectara ofreciendo comida o bebida a un extraño, la gente lo arrojaría a la parte más profunda del río[127].

De hecho, el *Zóhar* cuestiona la generosidad de Lot, diciendo:

¿No lo habrían matado los habitantes, y le habrían infligido el mismo trato que infligieron a su hija? Pues la hija de Lot una vez ofreció una hogaza de pan a un pobre, y cuando se descubrió los vecinos del pueblo cubrieron su cuerpo de miel y la dejaron expuesta sobre un tejado hasta que fue consumida por las avispas[128].

Obviamente Lot no podía arriesgarse. Pero al ver a su tío, el justo Patriarca Avraham, ignoró cualquier consecuencia que pudo haber ocasionado su hospitalidad. Avraham, que representa la carroza de *Jésed*, no tendría ninguna dificultad en transferir y establecer su campo magnético inteligente a Sodoma.

Otro ejemplo de teleportación proporcionado por el *Zóhar* está relacionado con la compra de un lugar de entierro por parte de Avraham el Patriarca para su mujer Sará:

"Así el campo de Efrón que está en Majpelá, frente a Mamré, el campo y la cueva que hay en él, y todos los árboles en el campo dentro de sus confines, fueron cedidos a Avraham en propiedad a la vista de los hijos de Jet"[129]. *Rabí Yehuda habló sobre este versículo y dijo:*

Avraham reconoció la cueva de Majpelá por una cierta señal, y hacía mucho tiempo que había puesto su mente y su corazón en ésta. Pues había entrado una vez en la cueva y había visto a Adam y a Javá ocultos allí. ¿Cómo reconoció a Adam y a Javá, pues nunca los había conocido antes? (Habían muerto mucho tiempo antes). Respondió Rabí Yehuda: Sabía que eran Adam y Javá porque vio la forma de Adam muy claramente, y mientras estaba mirando la forma, se abrió una puerta al Jardín de Edén. Él percibió a la misma forma parada también cerca de la puerta. Avraham sabía que aquel que mira la forma de Adam no puede escapar a la muerte. Pues cuando una persona está a punto de salir de este mundo ve a Adam y en ese momento muere. Sin embargo, Avraham lo miró, vio su forma y aun así sobrevivió. Asimismo, vio una luz brillante que iluminaba la cueva, y una lámpara encendida. Avraham entonces deseó que esa cueva fuera su tumba, y su mente y su corazón se abalanzaron sobre ésta[130].

Si elegimos aceptar las palabras del *Zóhar*, toda la propuesta se vuelve menos increíble. Si admitimos que, en algún u otro momento, todos hemos sentido y pasado por una experiencia similar con una persona que ya no está entre los vivos o hemos tenido una sensación de *déjà vu* de sentir que "esto me ha pasado a mí también", la aceptación vendrá fácilmente. ¿Podría ser otra alucinación de percepción extrasensorial? El *Zóhar*, en este discurso, hace un gran esfuerzo por eliminar cualquier duda sobre lo que Avraham vio realmente.

Desde un punto de vista *zohárico*, Avraham no alucinó. Definitivamente, vio a Adam y a Javá.

Lo que parece emerger del fragmento anterior del *Zóhar* es que la teleportación existe, aunque la energía inteligente se haya separado eternamente del cuerpo físico a través de la muerte. Supongo que podríamos comparar este caso de teleportación con un programa de la televisión en vivo, en el cual los participantes son transferidos al hogar del espectador independientemente de la distancia. Unos años más tarde, aunque los participantes puedan haber muerto, sus formas continúan proyectándose a través las ondas televisivas.

Los hombres de ciencia son muy conscientes de que no hemos descubierto los límites de la transmisión de la forma, tal como se indica en el *Zóhar*. Por consiguiente, siento que esta teoría aplicada sobrevivirá los numerosos estudios y proyectos de investigación serios que este libro iniciará.

Podría parecerle al lector que se están exagerando un poco las leyes de la teleportación cuando se le pide que considere una conversación verbal que podría tener lugar entre el vivo corpóreo y la energía inteligente de un fallecido. Sin embargo, este mismo fenómeno está descrito en la siguiente sección del *Zóhar*[131]:

> *"Y se levantó el campo con la cueva en éste..."*[132], *esto es, hubo literalmente una elevación ante la presencia de Avraham. Hasta aquel momento nada había sido visible, pero ahora lo que había estado oculto se alzó y*

se volvió visible. Rabí Shimón dijo: Cuando Avraham trajo a Sará aquí para su entierro, Adam y Javá se levantaron y se negaron a recibirla. Ellos dijeron: ¿No es nuestra vergüenza suficientemente grande ante el Santísimo, bendito sea Él, en el otro mundo debido a nuestro pecado, que trajo la muerte al mundo, que tienes que venir a avergonzarnos más con tus buenas acciones? Avraham respondió: Estoy ya destinado a hacer expiación ante el Santísimo, bendito sea Él, por ustedes, para que no tengan que sentirse avergonzados nunca más ante Él. Inmediatamente después, Avraham enterró a su mujer Sará, es decir después de que Avraham hubiera asumido esta obligación. Entonces Adam regresó a su lugar, pero no Javá, hasta que Avraham vino y la colocó al lado de Adam, quien la recibió por amor a Avraham.

Claramente, en el relato de *Majpelá*, y en muchos otros casos detallados en el *Zóhar*, hay mucho más en acción que la percepción extrasensorial, la posesión de espíritus, la reencarnación y las alucinaciones. ¿Puede el lector de este libro considerar que la teleportación podría ser ese factor adicional?

La Kabbalah es abundante en intrigantes relatos de teleportación y el vasto conocimiento necesario para su implementación. Lamentablemente, se han cometido graves abusos en el nombre de la espiritualidad. Recientemente ha habido un resurgimiento del interés por aprender sobre los poderes paranormales, alcanzar estados alterados de conciencia, y otros fenómenos paranormales. Todas ellas han sido búsquedas legítimas que han llevado inocentemente a las personas a involucrarse en movimientos no aconsejables. En el proceso, han sido mal guiados.

A lo largo de los siglos, ha habido maestros espiritualmente muy avanzados como Rav Yitsjak Luria (el Arí), Rav Áshlag y Rav Brandwein. La mayoría de sus estudiantes recibían sólo un grado limitado aceptable para su nivel de conciencia espiritual. Los estudiantes tenían que demostrar su nivel de compartir y de entendimiento del concepto "ama a tu prójimo". Esto era un indicativo de si tenían o no la capacidad de hacer un uso correcto de la información antes de tener acceso a ésta. Los seguidores de estos maestros recibían ciertas enseñanzas mientras se estaban preparando para utilizar esta sabiduría con sensatez.

El hundimiento del continente Atlántida mencionado previamente en este libro sirvió para ilustrar cómo la sabiduría, y el mal uso de ésta, resultaron en la destrucción final y la desaparición de esta civilización.

La pregunta que puede surgir en este punto es: "¿Estamos dispuestos a aceptar el *Zóhar*, *Los escritos del Arí* y los escritos de otros kabbalistas como ciertos?". No puede haber una sola respuesta para todos. La expresión mística: "Cuando el estudiante está preparado, el maestro aparecerá" contiene la verdad para todos los que la buscan. Para el estudiante que está preparado para aceptar la Kabbalah, la Kabbalah se revelará a él.

Capítulo Veintiseis

Descubrir a nuestra
alma gemela

Desde el principio de la Creación, los mortales han anhelado y buscado su verdadera alma gemela. Durante años las canciones de amor del hombre han incluido siempre muchas melodías cuyas letras hablan de almas gemelas. Las canciones hacen la promesa de que un día las almas gemelas se materializarán y darán lugar a una relación bella y duradera. Según algunas mujeres y algunos hombres, sus experiencias de la vida real verifican la idea de un alma dividida y reunida de nuevo.

En este capítulo, exploraremos el origen de las almas gemelas y la metodología para descubrir nuestra propia alma gemela. No hay duda de que una de las relaciones humanas más íntimas y complicadas es el matrimonio. Como mencioné anteriormente, el matrimonio ofrece los extremos de la felicidad individual y la esclavitud humana, con mayor o menor grado de éstos entremedio.

¿Están ambos extremos predestinados para nosotros? ¿Debe una persona encontrar la dicha del matrimonio y otra vivir la tragedia de esta institución? ¿En qué circunstancias, si hay alguna, está basado? ¿Cuándo es el matrimonio aconsejable o desaconsejable? ¿Puedo preveer con antelación si hay otra persona con la que puedo ser tan feliz o más feliz en el matrimonio que mi prometido/a?

Sería probablemente correcto asumir que la mayoría de matrimonios se inician debido a una irresistible atracción física. Esto explica la alta tasa de divorcios en nuestra sociedad moderna. Un matrimonio exitoso debe basarse en un entendimiento del proceso de reencarnación. Una persona debe estar bien emparejada no sólo físicamente sino también espiritualmente. No obstante, antes de proporcionar algunas pistas que puedan evitar una entrada irreflexiva en el matrimonio, investiguemos primero el marco primordial de las almas gemelas.

En líneas generales, la doctrina del alma expuesta por el autor del *Zóhar* proporciona una enorme fuente de luz sobre el tema de las almas gemelas. El *Zóhar* enseña la preexistencia de todas las almas desde el inicio de la Creación. Ciertamente, llega incluso a afirmar que las almas preexistentes ya estaban preformadas en su inteligencia individual completa cuando estaban todavía ocultas en el vientre de la eternidad.

> *"Cuando se le ocurrió al Creador crear el mundo, todas las almas de los justos estaban ocultas en la Idea Divina, cada uno en su forma peculiar. Cuando Él le*

*dio forma al mundo, éstas fueron materializadas y se
presentaron ante Él*"[133].

Por muy extraño que pueda parecer, el concepto de la
inteligencia extraterrestre fue formulado por primera vez por
el *Zóhar*. La idea de que las almas son en esencia fuerzas de
energía inteligentes ya ha enraizado gracias al profundo interés
mostrado por los científicos modernos. La idea es
suficientemente natural. Ciertamente se le ha ocurrido a todo
aquel que ha contemplado la pregunta sobre la vida inteligente
en el universo. Según el *Zóhar*, estas fuerzas de vida
inteligentes existían mucho antes de la Creación. De hecho,
las almas no son otra cosa que diversos grados del Deseo de
Recibir creados en el Mundo Sin Fin[134]. Rav Áshlag señala la
idea de que todas las formas de vida no son más que aspectos
de las fuerzas de energía inteligentes. El deseo es inteligencia.

¿Qué ocurrió después de que estas fuerzas se materializaran?
¿Cómo se materializaron estas inteligencias vivas en nuestro
universo? El *Zóhar* proporciona una descripción precisa de la
expresión física definitiva de estos seres metafísicos
inteligentes:

> *Cuando el alma va a descender a este mundo, primero
> desciende al Jardín de Edén terrenal y ve la gloria de
> las almas de los justos, y luego va a Guehinom
> [Infierno] y ve a los perversos gritando '¡Ay, ay!', pero
> nadie se compadece de ellos. Esa Forma Santa [la
> Fuerza de energía interna] se presenta ante ella hasta
> que emerge en este mundo, después de lo cual le hace*

compañía y crece con ella. Todas las almas iniciales incorporan al masculino y al femenino. Cuando emergen en este mundo, el alma inicial se divide en dos entidades separadas, los dos elementos se separan. Las fuerzas de vida inteligentes del masculino se envuelven en un cuerpo masculino y las fuerzas de vida inteligentes del femenino en un cuerpo femenino. Si el hombre [masculino] ha alcanzado un nivel de conciencia espiritual, tanto la fuerza inteligente del masculino como la del femenino se unirán de nuevo en una unidad armoniosa. El hombre ha encontrado su alma gemela. Es entonces cuando conoce realmente a su compañera y hay una perfecta unión en espíritu y carne. Pero si él no es digno, se le entregará a otra, y ellos darán a luz niños que no deberían[135].

Aquí se halla el secreto del anhelo del alma por su verdadera alma gemela, cuya identidad y paradero serán revelados cuando el hombre haya alcanzado un nivel particular de espiritualidad o un estado alterado de la conciencia. El alma masculina desea reunirse con su equivalente femenino porque sólo entonces el alma inicial logra regresar a su estado original de integridad. El alma femenina ya está dotada del nivel de conciencia de *Biná* y por consiguiente no tiene que esforzarse por alcanzar un nivel más elevado para este propósito.

Esta información de alguna manera parece emerger a la mente consciente durante este estado de elevación espiritual. Rav Jayim Vital afirmó que, en una de sus discusiones íntimas con su maestro, Rav Yitsjak Luria, éste le dijo lo siguiente:

Mi alma era espiritualmente superior a la de algunos de los ángeles celestiales más elevados y podía alcanzar estados alterados de la conciencia más elevados. Cuando le pregunté al Arí sobre mi alma encarnada, él contestó: "Tu alma es la de Don Vidal de Tolosa [rabino español y comentarista de Maimónides en la segunda mitad del siglo XIV]. La razón de mi encarnación es corregir [tikún] y enmendar la incredulidad que tenía de la sabiduría del Zóhar. De las palabras del Arí entendí que en mi vida anterior tenía una mente profunda y penetrante. Durante mi estancia temporal presente, soy muy laxo en el uso de mi capacidad innata, la de penetrar profundamente.

En lo que concierne a mi actual esposa, Janá, ella es la reencarnación del suegro de Rabí Akivá, Kalva Savúa, uno de los hombres más ricos de Jerusalén. La oposición de éste al matrimonio de su hija Rajel con Akivá lo llevó a desterrarlos. Abandonada en la pobreza extrema, Rajel llegó a vender una vez su cabello por comida. Rajel puso como condición a su matrimonio con Akivá que él se dedicara al estudio de la Torá.

La razón de que tenga a mi actual esposa es que el alma de Rabí Akivá y la mía son de un solo origen. Él está más cerca de mí que todas las otras almas encarnadas dentro de mí. Y puesto que Kalva Savúa era homosexual, regresó como mujer. Y puesto que su encarnación (la de Janá) es masculina, no hay ninguna posibilidad en absoluto de que dé a luz hijos. Con relación

*a si puede dar a luz hijas, esto también es imposible a
menos que otra alma femenina encarne dentro de Janá.*

*Sin embargo, continuó el Arí, Janá morirá. Y cuando
yo [Jayim Vital] alcance el nivel de Rúaj, el mismo
estado alterado de conciencia que Rabí Akivá, seré
merecedor de mi alma gemela. Ella será Rajel, la fiel
esposa de Rabí Akivá. "Y de este matrimonio llegará tu
hijo fiel, Shmuel, que pondrá por escrito todas mis
enseñanzas. Entonces serás merecedor de hijos dignos"* [136].

Lo que parece deducirse del fragmento anterior es la
importancia de que el hombre alcance un estado alterado de
la conciencia. Esto, a su vez, proporciona el marco para que
los hijos nazcan con un estado más elevado de espiritualidad.
El alma gemela (femenina) debe buscarse para que los patrones
de *tikún* sean representados provechosamente. La separación
de los sexos, que sucede cuando las almas se preparan para
entrar en el ámbito terrenal, proporciona la oportunidad a
través de la cual cada entidad puede ser puesta a prueba en
dicho ámbito. Es la entidad masculina la que aprenderá y
finalmente se ganará el derecho a reunirse con su otra mitad
Divina. Esta es la verdadera alma gemela del hombre, tu media
naranja, si mi lector resulta ser hombre.

Es con la fiel alma gemela que finalmente completaremos la
plenitud. En la reunión de el masculino y el femenino, tendrá
lugar el circuito final de energía inteligente, y junto con éste,
la realización de una plenitud más allá de cualquier cosa que
hayamos experimentado aquí en la Tierra.

Es precisamente esta búsqueda y anhelo lo que nos proporciona una oportunidad de aprender que el amor no es sólo emoción o pasión. Con el tiempo empezamos a entender que el amor no es autosatisfacción ni inicialmente sexo. Dentro de este proceso de búsqueda podemos encontrarnos con nuestra alma gemela una y otra vez. A veces aparecen como padres, como hermanas, como amantes, como hijos, y a veces incluso como enemigos. La relación particular en cualquier reencarnación determinada es una experiencia de aprendizaje que con suerte da lugar a la corrección y a estados alterados de conciencia. Algunos aprenden lo que es el verdadero amor a través de muchas encarnaciones, mientras que otros más afortunados puede que no tengan que pasar por la esclavitud humana en la búsqueda de su alma gemela.

¿Debe una persona encontrar la dicha en el matrimonio y otra vivir la tragedia? ¿Están estas infraestructuras del matrimonio predestinadas? La respuesta se halla en la búsqueda de crecimiento espiritual propia del individuo. La plenitud y la dicha del matrimonio dependen totalmente de que encontremos a nuestra alma gemela. Esta reunión ocurre a través de la experiencia de estados alterados de conciencia. Entonces el circuito definitivo de fuerzas de energía inteligentes se establece con firmeza. Y esto a su vez pavimenta el camino para el nacimiento de niños con mentalidad espiritual, la dicha de lo cual está más allá de cualquier placer material que podamos sentir.

Pero entonces, ¿qué ocurre con la mayoría de personas puramente terrenales que no entienden la supervivencia del espíritu humano y la reencarnación? En primer lugar, la oportunidad o posibilidad de encontrar a su alma gemela, según el *Zóhar*[137], es casi nula. Por lo tanto, el goce del matrimonio los elude. Asimismo, la ignorancia de la sabiduría de la Kabbalah trae consecuencias que estoy seguro que los individuos pensantes harán muchos esfuerzos por evitar. Después de todo, la mayoría de matrimonios no parecen ser un lecho de rosas.

¿Y que pueden esperar aquellos que no han alcanzado un estado alterado de conciencia? A lo largo de este libro, he intentado llevar al lector hacia el entendimiento de la inteligencia profunda que está contenida tanto en el esperma como en el óvulo de la humanidad. Esta fuerza de energía inteligente contiene todo el ADN tanto físico como metafísico del individuo. ¡Qué gran poder!

El *Zóhar* nos dice:

> *Al llegar a este lugar, es ahora apropiado revelar los caminos ocultos del Señor del Universo, los cuales las gentes no conocen. Todos ellos siguen la senda de la verdad, como está escrito: "… Porque los caminos del Eterno son rectos, y los justos caminan en ellos; pero los transgresores tropezarán en ellos"*[138]. *Pero aquellos que atraviesan la transmigración y son expulsados del otro mundo [porque se negaron a propagarse a sí mismos] sin compañeras femeninas, ¿cómo se las arreglan para encontrar esposas en este mundo, viendo que no hay una mujer compañera predestinada para ellos como para los*

otros hombres? Cuando un hombre se divorcia de su mujer causa un defecto en la piedra del altar Celestial. Cuando el hombre que atraviesa la transmigración y es expulsado (divorciado) del otro mundo, encuentra a una mujer que ha sufrido un destino similar, expulsada (divorciada) de su marido. Por consiguiente, es posible que los divorciados se unan uno con el otro (esto es, el divorcio del espíritu del hombre en el Cielo y el de la mujer en la Tierra). Con relación a este misterio dice: "Cuando algún hombre toma una mujer y se casa con ella, si sucede que ella no halla gracia ante sus ojos porque él ha encontrado algo indecoroso en ella, y le escribe un certificado de divorcio, lo pone en su mano y la despide de su casa, y ella sale de su casa y llega a ser mujer de otro hombre"[139]. ¿Qué significa "otro"? Apunta a las palabras: "de la región de otro (heb. ajer) que, si no se esfuerza por elevarse espiritualmente, habrá un desarrollo y él no será su último marido (él morirá)"[140].

Para el hombre no espiritual el divorcio parece ser su destino y su consecuencia. ¿Implica esto entonces que casarse con un divorciado señala la circunstancia de esclavitud humana que mencionamos anteriormente? Por supuesto que no. ¿Entonces por qué parece ser esta la afirmación implícita en el anterior fragmento del *Zóhar*? La revelación secreta de otro pasaje del *Zóhar* debería disipar cualquier miedo a casarse con un divorciado. Mientras que al mismo tiempo plantea otras preguntas, la información referente al ámbito místico de la realidad puede servirnos como herramienta en nuestra búsqueda para alcanzar nuestra propia reunión y plenitud. El propósito final, tanto del estado matrimonial como del no matrimonial, es el logro de estados alterados de conciencia. Esta es probablemente una de las rutas más seguras para proporcionar al hombre la libre voluntad y el poder de elegir. Uno de los aspectos más importantes de la reencarnación es el reconocimiento del libre albedrío. Una asunción incorrecta hecha por muchos de los que aceptan el principio del *tikún* y la reencarnación es que toda la vida ya ha sido predeterminada. Los resultados de tales conclusiones son mentalmente paralizantes. Las restricciones que se colocan sobre nosotros en nuestra vida presente son resultados directos de errores y faltas del pasado. Mediante un entendimiento adecuado y preciso del proceso de *tikún*, el antiguo conflicto del libre albedrío en contraposición a la predeterminación queda resuelto.

En el nivel de conciencia del nacimiento, el alcance del libre albedrío está mayormente determinado por el proceso de *tikún* de vidas anteriores. Sin embargo, una vez que el individuo ha escapado del estado original de la reencarnación y ha entrado en un nivel más elevado de espiritualidad, las restricciones natales dejan de ser aplicables. La fuerza de energía inteligente que dicta y programa el ADN metafísico y físico se halla en una frecuencia natal. Como tal, una vez que el alma encarnada se ha elevado a otro nivel de conciencia, el mapa del ADN natal deja de ser operativo, puesto que las acciones de vidas pasadas afectan al alma en el nivel en el cual los errores y las faltas fueron cometidos. Si el nivel de conciencia de un alma en particular estaba en un estado de *Néfesh* en el nacimiento y en su vida actual alcanza el nivel de *Rúaj*, entonces estamos refiriéndonos a otra persona, otro marco de referencia. Por consiguiente, queda muy claro que en las relaciones matrimoniales, y en todo lo demás, el hombre es completamente libre de hacer lo que quiera; lo que marca la diferencia es la determinación de alcanzar estados alterados de conciencia. Una vez que eso ocurre, una nueva impresión de la computadora releva a la anterior con un nuevo conjunto de principios. Una estructura de ADN completamente diferente se manifiesta, lo cual permite un nuevo conjunto de circunstancias que pueden resultar en una vida de logros y plenitud.

Regresemos ahora al *Zóhar*[141] y veamos qué dice acerca de las mujeres previamente casadas.

> *¡Anciano! ¡Anciano! Si quieres revelar misterios, habla sin miedo. Hemos dicho que la forma de vida inteligente [la fuerza de energía inteligente del esperma] de un hombre se deja en la mujer que era su esposa. Entonces, ¿qué ocurre con eso? Suponiendo que ella se casa de nuevo, ¿es posible que dos formas de vida inteligentes distintas de dos hombres habiten juntas en una mujer? ¿Se ha perdido totalmente la fuerza del primer marido? No, esto no puede ser. El mismo problema surge incluso cuando la viuda no se casa de nuevo. ¿Qué hay de la forma de vida de su marido que se adhiere a ella? Todo esto debe ahora ser explicado.*
>
> *Cuando la inteligencia del segundo marido entra en el cuerpo de la mujer, la inteligencia del primer marido*

lucha contra ésta, y ambas no pueden habitar en paz juntas, de forma que la mujer nunca está feliz con el segundo marido porque la fuerza de inteligencia del primero está siempre pinchándola, su recuerdo está siempre con ella, haciendo que ella llore y suspire por él. De hecho, su espíritu se retuerce en ella como una serpiente. Y esto sigue así durante mucho tiempo. Si la segunda inteligencia prevalece sobre la primera (eso significa que la segunda unión es de almas gemelas), entonces la inteligencia del primer marido sale. Pero si, como a veces sucede, el primero vence al segundo, puesto que la primera unión era de almas gemelas, eso significa la muerte del segundo marido. Por consiguiente, se nos enseña que después de que una mujer haya enviudado dos veces, ningún hombre debe casarse con ella, pues el ángel de la muerte ha tomado posesión de su pensamiento, aunque la mayoría de la gente no sabe esto. Compañeros, soy consciente de que en este punto pueden objetar que en ese caso la muerte del segundo marido no está en concordancia con la justicia del Juicio Divino. Sin embargo, esto no es así. Todo esto se decide en un juicio justo, si un espíritu debe prevalecer sobre el otro o estar en paz con él; pero aquel que se casa con una viuda es como aquel que se aventura a ir al océano durante una tormenta sin velas ni timón, y no sabe si cruzará salvo al otro lado o se hundirá en las profundidades.

En otras palabras, la ignorancia de la ley, sea física o metafísica, no es una excusa. El *Zóhar* nos advierte que es deber de todos entender las leyes y los principios que gobiernan las almas gemelas. El precio de la ignorancia es enorme, a veces incluso puede acabar causando la muerte. Esta sorprendente revelación relativa a la inteligencia del esperma y su inquebrantable fuerza de energía después de la muerte del primer marido tiene un gran alcance. Aun más llamativo es el hecho de que, aunque la energía inteligente del esperma se ha separado de su fuente —el primer marido—, continúa causando estragos y creando destrucción sobre los posteriores maridos. Sólo cuando el primer marido no era el alma gemela de esta mujer, el circuito de energía del segundo matrimonio, en el cual se reúnen dos almas gemelas, puede vencer y superar la energía inteligente del primer marido; una guerra de las galaxias en miniatura que tiene lugar dentro del vientre de esta mujer.

Lo extraordinario de todo esto es que la mujer puede que nunca sepa por qué "nunca es totalmente feliz" con el segundo marido. Su decisión de casarse de nuevo fue sin duda el resultado de mucha reflexión y examen de conciencia. No obstante, estaba decidida a no quedarse sola a pesar de la satisfactoria vida que tuvo con el primer marido. Sola; hay algo infértil en la palabra, algo que parece ser muy estéril. Quedarse sola es quizás la frase más triste para una persona después del amor. Sean cuales sean las razones de *tikún* por las cuales se queda sola, el segundo marido debe haber explorado el asunto de las almas gemelas con detenimiento. A medida que la incompatibilidad espiritual se vuelve más intensa el divorcio puede ser aconsejable, después de haber considerado todos los demás factores implicados, como por ejemplo: nivel de espiritualidad, hijos y consulta con un consejero matrimonial. Ciertamente que haya alguien esperando entre bastidores no indica que haya posibilidades de que sea un alma gemela. El matrimonio es más serio de lo que la mayoría de las personas piensan. En el ejemplo que hemos mencionado, la muerte puede llegar de forma prematura al segundo marido si su investigación revela que hay muchas probabilidades de que su esposa actual pueda haber viajado en esta vida con su alma gemela.

Esta es precisamente la razón por la cual el *Zóhar* advierte que "después de que una mujer haya enviudado dos veces, ningún hombre debe casarse con ella".

Hay muchas probabilidades de que su primer marido fuera su alma gemela y su inteligencia-presencia fuera sentida durante el segundo matrimonio, causando la muerte del segundo marido. Sin embargo, si el segundo matrimonio acabó en divorcio, entonces no tenemos fundamentos para asumir que el primer matrimonio era de almas gemelas.

CAPÍTULO VEINTISIETE

PISTAS DE UN MATRIMONIO DE ALMAS GEMELAS

¿Sería aconsejable el matrimonio en este momento? ¿Debo casarme con el hombre o la mujer que me corteja? ¿Cómo puedo estar seguro/a? Éstas son preguntas que los casados o los que se van a casar se han planteado.

Por algún motivo, la idea fue desestimada sólo para volverse a plantear cuando ya era demasiado tarde. ¿Qué se puede hacer entonces?

El primer paso evidente es empezar a conectar con el auténtico ser. ¿Quién soy yo? Porque si no tengo la más mínima idea de lo que me hace vibrar, ¿cómo puedo soñar con conocer a la otra mitad de mí mismo? Si la mitad de un alma gemela soy yo, la parte con la que estoy directamente conectado, y no tengo ni idea de quién soy realmente, ¿puedo tener la esperanza de adquirir el conocimiento de mi otra mitad?

Tenemos el derecho de saber quién y qué somos. Asimismo, el Arí[142] considera que la adquisición de esta información para nosotros mismos es extremadamente importante para nuestro bienestar y felicidad. De esta manera, nadie puede llenar nuestra mente de miedos traumáticos ni asediar nuestra falta de confianza en nosotros mismos.

Aunque muchas personas opinan que entraron en la vida como seres humanos nuevos, puede que este no sea el caso. Después de todo, ¿acaso no estamos condicionados por dificultades psicológicas sumergidas, miedos, traumas reprimidos y una multitud de idiosincrasias? ¿De dónde vino todo sino de experiencias personales de vidas pasadas? A mí me parece que todas las experiencias parecen estar programadas y forman parte de un esquema general del cual sólo somos parcialmente conscientes.

Sin embargo, si no hemos aprendido con éxito todo lo que podemos saber sobre nosotros mismos, ¿qué consejo puede darnos la Kabbalah a través del cual podamos tomar conciencia de nuestra alma gemela? La decisión de que dos personas se casen ha sido tomada. Los detalles de la boda ya se están planificando. La fecha está confirmada y el lugar de la ceremonia nupcial ha sido elegido; las invitaciones se han impreso y enviado a todos los invitados y familiares. Ahora la pareja se relaja y disfruta de este período libre de preocupaciones que puede que no vuelvan a vivir nunca más.

Días antes de la boda empiezan a surgir las dudas. Ha habido algunas discusiones desagradables. Nada realmente importante, pero suficientemente serio como para reconsiderar si esto es lo que de verdad quiero. Nuestra psique racional exige que este pensamiento desaparezca. Las invitaciones ya se han enviado. Simplemente no puedes decirles a tus amigos y familiares que no vengan porque has cambiado de opinión.

Además, ¿qué vas a hacer con el convite nupcial, el cual ha sido organizado con tanto gusto y lujo de detalles? ¿Puedes imaginarte la vergüenza que esto causará a los padres? No. No pienses más. Todo irá bien. Esto va a funcionar.

¿Son estos pensamientos conocidos que pasaron por tu mente justo antes de la fecha de tu boda? ¿Es este el tipo de pensamiento que ahora te hace dudar de si quieres seguir adelante con el asunto del matrimonio?

Bien, prepárate a entrar en el matrimonio con alguien que no es tu alma gemela. Claro, no estoy diciendo que haya necesariamente algo malo en no casarte con tu alma gemela. El *Zóhar* parece indicar que la mayoría de matrimonios ocurren con alguien que no es el alma gemela. Los matrimonios de almas gemelas son tan poco frecuentes que el *Zóhar* se esfuerza enormemente en aclarar cómo ocurren los matrimonios de almas gemelas y la descendencia de dichos matrimonios.

> *Cuando el Rey David pecó con Batsheva, pensó que la mancha de su pecado duraría para siempre. Pero le llegó este mensaje: "El Eterno ha retirado tu pecado; no morirás"*[143]*, significando que la mancha estaba borrada. Rabí Aba plantea esta pregunta a Rabí*

Shimón: Puesto que se nos ha enseñado que Batsheva estaba destinada para el Rey David desde el día de la Creación, ¿por qué el Santísimo, bendito sea Él, la dio primero a Uriyá el hitita? Rabí Shimón respondió: Estos son los caminos del Santísimo, bendito sea Él. Aunque una mujer puede estar destinada a ser la mujer de cierto hombre, Él permite que primero sea la mujer de otro hombre hasta que llegue el momento del alma gemela (él se haya elevado espiritualmente). En cuanto llegue el momento, él parte de este mundo (muere) para dejar paso al otro hombre antes de que llegue su tiempo. Esta es la razón interior por la cual Batsheva fue entregada primero a Uriyá[144].

La explicación del *Zóhar* de esta famosa historia de amor bíblica es muy interesante, ya que va más allá del relato superficial de dos amantes. Rav Shimón llega hasta los recovecos internos del anhelo que tiene el alma de su verdadera alma gemela. Él define el matrimonio como un paso a través del cual dos individuos unen sus fuerzas en el esfuerzo por avanzar en el entendimiento espiritual y ayudarse mutuamente a pagar sus respectivas deudas de *tikún*. El *Zóhar* afirma que ninguna relación humana importante es fruto del azar, sino más bien un resultado directo del proceso de *tikún* que fue establecido en el momento de la creación del mundo.

Un matrimonio en el que los participantes simplemente no pueden soportar estar el uno sin el otro todo el tiempo es un ejemplo de almas gemelas en el más alto grado. Es un episodio de una serie que empezó hace mucho tiempo. La necesidad de estar juntos todo el tiempo es necesaria para el proceso de *tikún*. Mientras Batsheva estaba casada con Uriyá el hitita, David, cuya alma conocía la identidad y el paradero de su alma gemela, anhelaba reunirse con ella y sentía una profunda necesidad de estar junto a ella de nuevo. El proceso de *tikún* había regido su separación. Ahora, al fin podían reunirse de nuevo.

No obstante, ¿qué iba a ser de Uriyá, su marido, cuando David alcanzara el nivel de espiritualidad necesario para reunirse con Batsheva? "En cuanto llegue el momento, él parte de este mundo (muere) para dejar paso al otro hombre". De pasajes del *Zóhar* como este podemos deducir el principio de elección a través del cual debe escogerse un compañero de matrimonio en el proceso de *tikún* de almas gemelas. Uriyá debió haber sabido con antelación que Batsheva no era su alma gemela. Por consiguiente, debió haber dado los pasos necesarios para evitar su muerte prematura.

El divorcio, tal como se establece en la Biblia, es uno de los 613 preceptos que proporcionan al individuo herramientas para la corrección de su *tikún*. Esto no significa que todos los hombres deban dar este paso inicial y divorciarse de sus mujeres. Lo que la Kabbalah señala es la necesidad de conocer el proceso de reencarnación. Y además, qué pasos debe dar una persona para evitar las dificultades de una explosiva situación de *tikún*. La finalización de este matrimonio en divorcio habría evitado su muerte prematura. Dentro del programa de *tikún*, la muerte de Uriyá parecía inevitable. No obstante, Uriyá podía tener otras lecciones que aprender en aquella vida, posiblemente más importantes que el problema de la relación en cuestión. El divorcio habría sido su respuesta. Él no eligió tomar esta decisión.

El derecho a la autodeterminación es visto por el *Zóhar* como uno de los principios fundamentales del judaísmo. Rav Shimón considera que el tema del divorcio no es sólo un derecho moral, sino que además está en sintonía cósmica con el proceso de *tikún* de las almas gemelas. Sin embargo, algunas personas todavía consideran el divorcio como algo sacrílego. El derecho del hombre a demostrar su libre albedrío y autodeterminación en el momento de finalizar un matrimonio es todavía rechazado en muchas sociedades. Muchos han expresado argumentos hostiles en contra de familias donde ha sucedido un divorcio. Las consecuencias de una creencia como esta son a veces devastadoras, psicológicamente paralizantes y espiritualmente desmoralizantes.

La cosmovisión más amplia de la Kabbalah como estipulan sus principios de la reencarnación preparará al individuo en su largo viaje a través del matrimonio para evitar que emerjan esas luchas amargas que suelen acompañar a los perturbadores efectos del divorcio. Al mismo tiempo, para las verdaderas almas gemelas, el conocimiento del proceso de *tikún* y de los principios de la reencarnación sólo pueden fortalecer los vínculos estrechos que ya existen entre los compañeros de matrimonio. Es una información que uno no puede permitirse desatender o ignorar.

Con respecto a este asunto de David y Batsheva, hay un aspecto más que debe aclararse. ¿Pecó David en su deseo anhelante por Batsheva mientras ella estaba todavía casada con Uriyá? ¿Qué hay del mandamiento "No cometerás adulterio"?[145] ¿No declaró el mismo Rey David: "Contra ti, contra ti sólo he pecado, y he hecho lo malo delante de Tus ojos"?[146]

En esta nueva revelación, una vez extraña y prohibida, es donde encontramos una de las áreas más paradójicas de todas las que cubre el *Zóhar*. Si en efecto Batsheva y David fueron destinados como almas gemelas en el momento de la Creación, un matrimonio verdaderamente hecho en el Cielo, ¿entonces cómo pudo David ignorar la prohibición en contra del adulterio? Este punto necesita ser enfatizado, pues aclara la enorme profundidad del proceso de la reencarnación y el *tikún*. La concepción mística de la Torá es fundamental para entender la paradoja a la que nos enfrentamos. El *Zóhar* continúa —empleando todos los aparatos de precisión mística con los que los kabbalistas leen la Biblia— infundiendo significados extraordinariamente reveladores a las palabras de los Salmos.

> *El Rey David dijo: "Contra ti, contra ti sólo he pecado, y he hecho lo malo delante de Tus ojos"*[147]. *El significado de esto es el siguiente: es posible cometer pecados que son ofensas tanto contra el Santísimo, bendito sea Él, como contra el hombre; uno también puede cometer pecados que son ofensas contra el hombre, pero no contra el Santísimo, bendito sea Él; pero también hay pecados que son cometidos sólo*

contra el Santísimo, bendito sea Él. El pecado de
David fue de este último tipo. Sin embargo, puede que
te sientas inclinado a preguntar esto, diciendo: Pero,
¿qué hay de su pecado con Batsheva? ¿No pecó él
contra el marido de ella, para quien ella estaba
prohibida, así como contra el Santísimo, bendito sea
Él?

A esta pregunta hay una respuesta, y es la siguiente. Según la tradición, Uriyá, como era costumbre en los guerreros de Israel, dio a su mujer un certificado de divorcio antes de ir a batalla, así pues, David no pecó contra Uriyá en el sentido de robarle pérfidamente a su mujer. Por consiguiente, leemos: "Y David consoló a Batsheva, su mujer"[148], lo cual demuestra que ella era considerada como la legítima mujer de David, destinada para él desde el principio de los tiempos.

Por lo tanto, este pecado fue una ofensa sólo contra el Eterno. ¿Y en qué consistía dicha ofensa? No en que él ordenara a Yoav, su general, que enviara a Uriyá al frente de batalla para que pudiera ser asesinado, pues David tenía el derecho a hacerlo ya que Uriyá había llamado a Yoav "mi señor Yoav" en presencia del rey, lo cual era una falta de respeto. El pecado de David no está basado en ordenar que Uriyá fuera asesinado cuando desacreditó al Rey David, sino en dejar que muriera bajo la espada de los hijos de Amón[149]; pues en cada espada amonita había grabada una serpiente enroscada que era su dios. El Eterno le dijo a David: "Has impartido fuerza a esa abominación", pues cuando los hijos de Amón hubieron matado a Uriyá y a muchos otros israelitas, y la espada de Amón prevaleció, el dios pagano había sido fortalecido por David[150]. Por consiguiente, si Uriyá hubiera concedido el divorcio de forma inmediata, puede que nunca se hubiera encontrado en la situación en la que posteriormente insultó al Rey David, que fue lo que le ocasionó una sentencia de muerte.

Otra fuente que puede arrojar luz sobre nuestro intento de encontrar señales de almas gemelas se halla en *Los escritos del Arí*:

> *Cuando una nueva alma entra a este mundo, lo cual significa que viene a este mundo por primera vez, su alma gemela la acompaña. Cuando llega el momento en que van a unirse en matrimonio, ella aparecerá sin ninguna dificultad. Entonces se enamorarán instantáneamente el uno del otro y se casarán. No obstante, si el hombre incurre en una deuda de tikún y requiere de una reencarnación, su equivalente femenino regresará con él y lo ayudará en su proceso de tikún. Sin embargo, esta vez él encontrará obstáculos en el camino antes de encontrarse de nuevo con su alma gemela. Puesto que ha incurrido en un tikún o deuda, hay fuerzas cósmicas metafísicas que harán todo lo posible por impedir este matrimonio de almas gemelas*[151].

Estas fuerzas surgen de las acciones negativas de una persona que incurre en una deuda de *tikún*. El pago o la reacción a la negatividad es lo que impide una unión de almas gemelas, lo cual indica e infunde armonía en el cosmos. Al vivir un estilo de vida negativo en una vida anterior ha atraído hacia sí mismo una influencia cósmica negativa que hace que esta reunión con su alma gemela sea mucho más difícil. Él mismo es la causa de su propia desgracia, la cual impide que la felicidad con su alma gemela se vuelva realidad para los amantes. Cuando cualquier parte de nuestro universo se aparta de su estructura equilibrada de manera que pone en peligro la armonía de nuestra cosmología, se produce un patrón de desequilibrio. Más precisamente, la ley del *tikún* de acción y reacción se pone en acción. Por consiguiente, el equilibrio y la armonía que un matrimonio de almas gemelas proporciona a sus participantes se reduce a un resultado de las actividades inarmónicas del hombre. A esto nos referimos como el segundo matrimonio. Es un segundo intento del hombre de entrar en un matrimonio eterno. Pues en esta segunda ocasión, ella es su verdadera alma gemela[152].

Ahora podemos entender que cuando el matrimonio tiene lugar, y ambos comparten y se expanden verdaderamente en todos sus pensamientos y acciones, avanzando juntos para alcanzar un objetivo común que beneficiará a otros, esto indica una unión verdadera y eterna de almas gemelas. Si no es un matrimonio de almas gemelas, la armonía y la paz no pueden reinar; cuando lo hacen, son realmente almas gemelas. La armonía del universo se mantiene mediante el equilibrio.

Capítulo Veintiocho

Almas gemelas cósmicas

L a gente está empezando a darse cuenta de que en nuestro universo existe un poder asombroso y metafísico que a veces está más allá del ámbito del control. El lector de este libro ha tomado conciencia de que muchas de sus limitaciones en la vida o aspectos del bienestar están directamente relacionados con un proceso de *tikún* predeterminado. El buscador de la iluminación desea hacer uso de las numerosas leyes y principios del mundo metafísico que operan en su propia vida personal.

La pregunta que ahora surge es: ¿cómo puedo encontrar la clave que dirá quién puede casarse con quién para materializar un matrimonio lleno de dicha que no conoce límites? La astrología, la ciencia de las influencias cósmicas, afecta a todas las áreas de la experiencia humana, y más precisamente al área del matrimonio. Tiene mucho que decir, por ejemplo, sobre la relación que pronto empezará a desarrollarse entre dos personas que contemplan casarse. Afirmaciones como un leo no debe casarse con una cáncer no tienen sentido. La astrología kabbalística no puede ni debería decir quién puede casarse con quién.

Lo que sí podemos decir es que hay ciertas áreas de nuestro *tikún* predeterminado en las cuales las partes van a sentir que vivir juntas es estresante. Habrá otras áreas de la vida en las que puedan ser particularmente muy adecuadas. En todo caso, la astrología señalará algunos factores reveladores que componen ambas personalidades, estimulando a las dos partes a mirar sus verdaderos sentimientos antes de llevar su relación hasta el matrimonio.

Las cartas astrológicas revelan mucho acerca de la interrelación entre ambos. Con suerte, esta información será para los amantes un valioso atajo que revelará algunas características de las personalidades de cada uno de ellos que de otra forma tardarían años en emerger. Desde una cosmovisión kabbalística, la influencia cósmica prevaleciente en el día o la noche del matrimonio afectará fuertemente toda la duración de esta unión. De nuevo, la intención de la información no es dar una pauta rígida de lo que uno debe o no debe hacer. Este conocimiento sólo puede tratar de aclarar la situación para ambos individuos. Al final los participantes deben tomar sus propias decisiones.

Una pregunta importante para ser explorada antes de que podamos comprender las influencias cósmicas internas de nuestro universo es la siguiente: ¿por qué son los planetas del sistema solar, así como el Sol y la Luna, los únicos cuerpos considerados como fuentes viables de energía inteligente cuando se trata de analizar a las almas gemelas que se preparan para el matrimonio? El *Zóhar*[153] amplía nuestra percepción de las entidades cósmicas para que podamos empezar a pensar en ellas como inteligencia en lugar de sólo energía en la forma de rayos cósmicos que son esencialmente corrientes de partículas.

Según la visión kabbalística[154], la humanidad, como todas las demás formas de vida, es parte de un todo inseparable. La inteligencia de los cuerpos celestes implica que el todo, igual que los seres humanos, es también inteligente. El hombre es visto como la prueba manifestada de la inteligencia cósmica. Puesto que hay siete formas variadas de inteligencia en nuestro universo, estos siete cuerpos celestes[155] (el Sol, la Luna, Saturno, Júpiter, Marte, Venus y Mercurio) son los canales Celestiales designados a través de los cuales las siete fuerzas cósmicas inteligentes se manifiestan en la Tierra.

Por lo tanto, una carta natal es un mapa de los Cielos tal como lo vería un recién nacido en el momento de su nacimiento. Como acabo de decir, el hombre y los cuerpos celestes son parte de un todo inseparable. Cuando un planeta determinado gobierna en el momento del nacimiento, la influencia cósmica del planeta nos proporciona una interfaz de nuestra propia esencia fundamental. La energía inteligente interna prevaleciente en el momento del nacimiento nos proporciona básicamente un panorama detallado de quiénes somos.

Así pues, se vuelve evidente que al buscador de la verdadera alma gemela se le ha de dar, junto con el acceso a esta información, los medios para utilizarla y el entendimiento espiritual necesario para garantizar un matrimonio de almas gemelas. Sin embargo, el misterio de la técnica por sí solo no asegura necesariamente el matrimonio perfecto. Debe alcanzarse un estado alterado elevado de la conciencia y una conciencia espiritual antes de que el hombre pueda llegar a ser digno de su alma gemela.

Desde los días de Avraham el Patriarca, hace unos 3.800 años, prácticamente no ha habido ningún cambio en la teoría astrológica. Los planetas, como en tiempos antiguos, siguen siendo las principales formas de vida de nuestro universo. Sus movimientos se utilizan para explorar y profundizar sobre el presente. Desde una cosmovisión kabbalística, a cada planeta móvil se le otorgó una relación especial con un signo fijo del Zodíaco. El Sol y la Luna rigen a un solo signo cada uno, y los otros planetas rigen a dos signos cada uno.

Desde un punto de vista kabbalístico, no existe controversia entre los kabbalistas acerca del descubrimiento o la influencia de las tres evidencias de su presencia cósmica directa.

El campo de la astrología y la Kabbalah apuntan a una unidad entre el hombre y el universo. Este no es el lugar para examinar en detalle las contribuciones de la Kabbalah en este campo, pues el compendio de su obra representa toda una vida de estudio. Mi intento en este capítulo es atraer atención sobre el *Séfer Yetsirá* y sus comentadores, dedicados a los principios cósmicos universales que actúan como la fuerza de energía inteligente que motiva un matrimonio exitoso y feliz. Con base en estos fundamentos, se proporciona un registro de los canales junto con los que se transmiten inteligencias de energía cósmica del mundo exterior a la naturaleza interna. Indica cómo las dos partes reaccionarán a la experiencia cuando colisione a su alrededor, y cómo reaccionarán el uno con el otro. Todos nosotros, como si fuera a través de un instinto incontrolable, sabemos que la suma total de nuestra felicidad yace en el misterio de nosotros mismos. La raíz o fuente interna de la conducta humana es siempre invisible a los ojos. No hay forma real de probar científicamente nada acerca de la naturaleza interna del hombre. El alma humana, sus objetivos, sus motivaciones y características continúan evitando cualquier modo de detección.

Por consiguiente, cuando Saadia Gaón, un eminente erudito y autor del Período Gaónico (el período de los sabios), escribió un comentario sobre el *Séfer Yetsirá*, nos proporcionó una penetración profunda en la naturaleza del cosmos. Uno puede sentir que debajo de ésta yace la clave del misterio de las energías cósmicas inteligentes. La verdadera importancia de Saadia Gaón radica en que fue el primer rabino medieval que hizo el intento de reconciliar la Torá con la razón y la felicidad humana.

> *Esta es la regla con respecto a los cuatro elementos. El fuego y la tierra se detestan; el fuego y el aire se aman; el fuego y el agua simplemente se odian; la tierra y el agua se adoran; la tierra y el aire se aborrecen; y el fuego y el fuego se sienten felices juntos.*

*Aries (Talé), Leo (Arié) y Sagitario (Keshet) son signos
de fuego masculinos.*

*Géminis (Teumim), Libra (Moznaim) y Acuario (Dli)
son signos de aire masculinos.*

*Cáncer (Sartán), Escorpio (Akrav) y Piscis (Daguim)
son signos de agua femeninos.*

*Tauro (Shor), Virgo (Betulá) y Capricornio (Gdi) son
signos de tierra femeninos[156].*

El Sol siempre ha sido el más poderoso de todos los cuerpos
celestes. Representa la personalidad tan vívidamente que se
puede dar una imagen asombrosamente acertada del individuo
que nació cuando estaba ejerciendo su influencia cósmica a
través de un conocido, y según Saadia Gaón, predecible canal
de un signo particular del Zodíaco.

Además, afirma Saadia[157]: "Aunque una letra hebrea creó a
Aries y el mes hebreo de *Nisán*, Aries no gobierna
necesariamente a lo largo de todo el mes hebreo de Nisán. El
signo de Aries hace que su influencia se sienta en el cosmos a
partir de la estación primaveral y continúa durante un poco
más de 30 días. Entonces le siguen Tauro y Géminis durante
un período similar de 30 días respectivamente, completando
un total de 91 días y siete horas y media. La estación veraniega
empieza con Cáncer, seguida de Leo y Virgo durante un
período similar. Lo mismo ocurre con Libra, Escorpio y
Sagitario, que empiezan con la estación otoñal; finalmente,

Capricornio, Acuario y Piscis para la estación invernal. Esto, por supuesto, no significa que sólo tenga que tomarse en cuenta el signo solar. Los meses hebreos, basados en un sistema solar lunar, también ejercen su influencia cósmica".

Sin embargo, lo que estamos considerando aquí es el estudio de tu signo solar para vislumbrar a tu alma gemela. Sólo una carta natal calculada con la hora y minutos exactos de tu nacimiento puede proporcionar el detalle completo de tu carta astral personal. El Sol no es el único elemento a la hora de analizar el comportamiento humano, pero ciertamente es el factor más importante.

Brevemente, ¿qué es un signo solar? Una región particular del Zodíaco —Aries, Géminis, Acuario, etc.— en la cual se encontraba el Sol en el momento en que tomamos nuestro primer aliento.

Uniéndolo todo, ¿quién encaja con quién? Bien, en primer lugar, los signos de fuego se sienten muy felices juntos, igual que los de tierra con los de agua, y los de fuego con los de aire. Esta compatibilidad es bastante comprensible. Las fuerzas de la vida en la Tierra son testimonios de su armonía.

La tierra necesita de agua en su intento de cumplir su objetivo de proporcionar sustento al mundo. El aire debe ventilar al fuego para que éste continúe existiendo. Una fuerza inteligente complementa la actividad de la otra. La falta de cualquiera de las fuerzas inteligentes determina y ocasiona una carencia y una sensación de no estar completo en la otra. Una necesita y requiere de la otra. El ego no está involucrado. Ambos elementos reconocen su propia deficiencia. Esto es una verdadera alma gemela.

Sin embargo, en el matrimonio, cuando uno de los cónyuges parece manejarlo todo solo sabemos que no es de almas gemelas. Si no existe un interés mutuo en asuntos espirituales o de otro tipo relacionado con el bienestar de los demás, podemos descartar que se trate de un matrimonio de almas gemelas.

No obstante, en este momento es importante que mencione el principio de la reencarnación relacionado con los matrimonios que están fuera del marco de las almas gemelas. A la parte femenina de cualquier alma gemela no se le requiere que regrese a ayudar a su equivalente masculino. Las mujeres no tienen que reencarnar. "La limpieza del alma en el purgatorio es suficiente para las mujeres", afirma el Arí[158]. En el caso en que el hombre deba reencarnar para completar el proceso de *tikún*, la parte femenina de esta alma puede elegir permanecer allí donde moran todas las almas que no tienen más deudas que pagar. Así pues, aquellos que no estén casados con su alma gemela, no se decepcionen. Su vida presente encaja en el programa general del proceso de *tikún*.

Regresando a nuestro tema sobre las pistas cósmicas de las almas gemelas, las reglas fundamentales establecidas por Saadia Gaón son excepcionalmente claras. Las personas con una influencia ariana son entusiastas, generosas, tienen una sonrisa instantánea. Al mismo tiempo, el ariano es consciente sólo de sí mismo. Pueden tener temperamento, no son diplomáticos y en su peor versión estarán completamente absortos en sí mismos. Sus necesidades van primero. Un ariano puede estar tan dedicado a cuidarse a sí mismo que puede olvidarse de tener en cuenta a sus amigos más cercanos.

Superficialmente hablando, estas son descripciones acertadas de un fuerte carácter ariano. Sin embargo, las contradicciones son igualmente visibles. Si el verdadero ariano es tan generoso, ¿cómo incluimos el rasgo del egoísmo en su canasta interna de características? La respuesta a esta y muchas otras obvias contradicciones acerca de todos los signos solares están descritas de forma más detallada en mi libro llamado *Astrología Kabbalística*. Lo que nos preocupa aquí no es tanto el "por qué" de las cosas. El propósito de este capítulo es proporcionar al lector el material y la información suficientes para determinar si su matrimonio actual o planificado es uno de almas gemelas.

Por consiguiente, la intención del conocimiento proporcionado por Saadia Gaón es proporcionar un mapa cósmico interno para las personas preocupadas con el tema de las almas gemelas.

Los signos de agua, según Saadia, no interactúan con Leo, Aries o Sagitario. El agua y el fuego no funcionan bien juntos. De hecho, según el *Zóhar*[159], la energía inteligente del agua, que es positiva por naturaleza, tiene la intención de extinguir todas las formas de energía inteligente regidas por el fuego. El fuego es negativo en esencia. De forma correspondiente, la energía inteligente del fuego está determinada a prevalecer sobre el agua, abrasarla y secarla.

El agua y el fuego observables son meramente las manifestaciones y expresiones físicas de las inteligencias internas a las que nos referimos. Una vez que la materialización desaparece, la energía inteligente interna deja de ser una fuerza viable. Sin su vasija, el agua, la inteligencia interna de la positividad, regresa a su estado potencial de inactividad. En la ausencia de la expresión física de la llama, su energía interna negativa regresa a su estado inmóvil[160]. No se produce la desaparición de ninguna fuerza de inteligencia interna. La vasija o el elemento que permite y hace posible la expresión física de estas inteligencias extraterrestres (no físicas) ha desaparecido. Si el agua deja de existir, entonces su fuerza interna de energía (inteligencia) no puede seguir expresándose. Permanece latente hasta que llegue el momento en que se permita aparecer a la vasija o canal físico.

Esta es la esencia de los continuos conflictos que existen entre, digamos, un leo y una escorpio. Sus inteligencias internas entran en conflicto entre ellas. Por consiguiente, uno o el otro debe finalmente ceder su canal, de otra forma se desatará el infierno. Por lo tanto, en conclusión, mientras que pueden aprender a vivir el uno con el otro, raramente o nunca complementan o encienden el entusiasmo de su pareja. Esta no es la definición de un alma gemela. No hay nada realmente complicado ni difícil sobre Leo. Él es el rey, no te equivoques. Lo sé porque yo soy leo. Los leo necesitan la oportunidad de expresar su enorme potencial natural. Los signos de agua simplemente no cumplen con la tarea de avivar el fuego.

Sin embargo, si los del signo de Cáncer, Escorpio y Piscis se juntan con signos de tierra ambas partes tendrán más posibilidades de expresar su inteligencia interna individual. El agua fue creada para expresar el propósito de ayudar a la madre tierra en su floreciente tarea de proporcionar sustento al mundo.

La tierra proporciona a la inteligencia interna del agua, el elemento de compartir, la oportunidad de expresarse. Una fuerza complementa a la otra. Esto podría indicar una unión de almas gemelas.

Pero intenta unir a un libra con un tauro, ¿qué te encontrarás? La energía inteligente de un libra es el carácter de la Columna Central[161]. Como tal, muestran la capacidad de mediar entre otros y restaurar la armonía. Siempre están en medio, moviéndose de un lado al otro. Son inquietos, por así decirlo. En su intento de equilibrar las balanzas, siempre está el largo camino del proceso de equilibrio en sí mismo.

Primero hay un lado que está más arriba, luego el otro. Arriba y abajo en este procedimiento laborioso hasta que hay un perfecto equilibrio. Movimiento. Inquietud infinita.

Un tauro acoge y contiene la energía de la tierra. La estructura de esta inteligencia es su deseo de ser el receptor de las cosas que suceden a su alrededor. Ama formar parte del paisaje, un elemento fijo que aborrece el movimiento. El epítome del Deseo de Recibir[162]. Ponlos juntos y tendrás los ingredientes para un huracán. El tauro no podrá ser apresurado ni movido como le gustaría a su compañero libra. La inteligencia de poseer, en lugar de alcanzar, es el factor de energía decisivo que determina el carácter de un tauro. La persona libra no formará parte de esto. La vida con un tauro es demasiado sosa y aburrida. Deja que el libra avive el fuego de un leo y observa cómo brillan y sonríen.

Es por este mismo motivo que los signos de fuego no son almas gemelas reales de las fuerzas inteligentes terrestres. El leo es magnánimo, expansivo e incluso entrometido. Los tauro preferirían ocuparse de sus necesidades inmediatas. El toro raramente se apresura a tomar la iniciativa. Simplemente quiere que le dejen en paz. Su fuerza inteligente interna es como la madre tierra o quizá como el peñón de Gibraltar: sólido, constante e inamovible. Es tan perseverante que no se moverá ni un centímetro. Un tauro simplemente no podrá danzar al mismo son que un leo.

Si piensas que un acuario podría hacer frente mucho mejor a un tauro, entonces te espera una sorpresa. Si hay alguien que puede realmente enervar a un tauro, ese es el acuario.

Aunque es amigable, los acuario a menudo prefieren permanecer desapegados. Son extremadamente fieles y leales, pero horriblemente impredecibles. La independencia personal es de gran importancia para ellos, hasta el punto de rechazar temporalmente a amigos íntimos y cercanos y familiares. Las personas nacidas bajo un signo de aire pueden verdaderamente levantar un tempestuoso viento con sus compañeros de tauro.

Así que aquí lo tienen, buscadores de almas gemelas. Saadia Gaón parece habernos proporcionado alguna información adicional sobre cómo elegir al compañero de vida. Esto no implica en absoluto que yo esté sugiriendo que aquellos que no encajen en la descripción vayan corriendo a la agencia de divorcios más cercana. En lugar de divorciarte, haz un serio intento de entender los rasgos positivos y negativos de tu relación. Puede que estén ahí con el único propósito de crecer espiritualmente.

GLOSARIO

ACUARIO, ERA DE – La Era del Mesías, cuyo inicio está marcado por los *Escritos del Arí* Z"L (Rav Yitsjak Luria) cuarenta años después de la expulsión de los judíos de España. A partir de aquel momento, muchas de las limitaciones y prohibiciones que rodeaban el estudio kabbalístico fueron completamente eliminadas.

ADAM – Las *Sefirot* representadas como un hombre: *Kéter* como el cerebro; *Jojmá* los ojos; *Biná* los oídos; *Zeír Anpín* la nariz; *Maljut* como la boca.

ADAM Y JAVÁ (ADÁN Y EVA) – Desde el punto de vista kabbalístico, Adam y Javá forman un alma indiferenciada. Después de la caída, se convirtieron en dos partes de un alma: almas gemelas. Adam representa el principio masculino de atraer energía para compartir; Javá representa el principio de recibir y revelar.

ADAR – El duodécimo mes del calendario del año lunar kabbalístico, sexto mes desde Rosh Hashaná. Se aproxima a febrero y marzo. Su signo zodiacal es Piscis.

ADN – Ácido desoxirribonucleico. Enrollado en cadenas de doble espiral que forman el material básico de los cromosomas del núcleo celular, contiene el código genético y transmite el patrón hereditario.

AGADÁ – Nombre de las secciones del *Talmud* y el *Midrash* que contienen exposiciones homiléticas de la Biblia.

ÁLEF BET – El ADN metafísico de toda la Creación que canaliza Luz a nuestro mundo a través de 22 letras que se manifiestan en el sistema de escritura hebreo.

ALMA – La Luz vestida de la Vasija de Inteligencia.

ÁNGELES – Energías inteligentes Celestiales manifestadas, seres de Luz dedicados a propósitos específicos que no están sujetos al Libre Albedrío.

ÁRBOL DE LA VIDA – El punto desde el cual la fuerza de energía de la vida permanece como un todo unificado sin las trampas del caos y la incertidumbre.

ÁRBOL DEL CONOCIMIENTO DEL BIEN Y DEL MAL – El ámbito de nuestra realidad ilusoria. Aquí el azar, la incertidumbre, el caos, la podredumbre, el desorden, la enfermedad y la desgracia hacen que se sienta su presencia.

ASQUENAZÍ – Se refiere a los judíos de Europa del oeste, del este y central, a diferencia de los sefardíes. (Ver también: "PARDES")

ASTRAL, VIAJE – El modo no corpóreo de viajar grandes distancias que trascienden el tiempo, el espacio y el movimiento.

BAR/BAT MITSVÁ – Momento en el que el aspecto de impartir se despierta en el alma: a la edad de trece años en los hombres y doce años en las mujeres.

BARRERA DE LA LUZ – El Deseo de Recibir para Sí Mismo que impide la revelación de la Luz.

BECERRO DE ORO – Un becerro de oro adorado por los *érev rav* (multitud mixta) mientras Moshé estaba en el Monte Sinaí.

BERIɟ SHEMÉI – Una oración en arameo que se dice antes se sacar la Torá del Arca. El poder de la oración es la trascendencia del tiempo, el espacio y el movimiento, un túnel del tiempo espiritual que regresa nuestras conciencias al momento de la entrega de la Torá.

BEIT DIN – Tribunal rabínico.

BRAJÁ – Bendición, conexión metafísica con la energía interna inteligente de las cosas.

BOTS – El mundo del fango. El plano físico mundano que sigue adhiriéndose a nosotros como nuestra realidad cotidiana.

CEREBRO – La vasija corporal física que permite la manifestación de la mente.

CABLES – Diversos medios para la trasferencia de energías positivas metafísicas a la humanidad (como oraciones, meditaciones, *Shabat*, zonas de tiempo cósmicas, etc.).

CÁNCER – Signo del Zodíaco que corresponde al mes hebreo de *Tamuz*, en el cual puede iniciarse la temida enfermedad de este nombre debido a la vulnerabilidad causada por una grieta en el escudo de positividad. Un tiempo durante el cual debemos tener mucho cuidado de evitar caer en discusiones y otras actividades negativas.

CARROZAS – Entidades que personifican los niveles tanto metafísicos como físicos de la energía inteligente.

CAUSA – Lo que da lugar a la revelación de un nivel.

CAVANÁ – La necesidad de una persona de centrarse en su mundo interior con la atención apropiada a la situación o la conexión.

CINCO SENTIDOS – Los sentidos de nuestra conciencia corporal: vista, oído, olfato, gusto y tacto.

COLUMNA CENTRAL – El vínculo conector y equilibrador entre las Columnas Derecha e Izquierda de energía positiva y negativa, masculina y femenina. Aspecto de restricción.

COLUMNA DERECHA – *Jésed*. Columna que atrae la energía de impartir la fuerza positiva.

COLUMNA IZQUIERDA – El canal a través del cual se atraen todas las energías metafísicas. (Ver: Deseo de Recibir).

CONCEPTO CIRCULAR – El equilibrio entre Izquierda y Derecha, negativo y positivo, producido por el uso de la restricción. Columna Central.

COLUMNAS – (Derecha, Izquierda y Central) Tuberías macrocósmicas o líneas de energías, similares al protón, el electrón y el neutrón en el átomo microscópico.

CONCIENCIA – Niveles de conocimiento. A medida que el alma se quita los velos de negatividad causados por el Deseo de Recibir para Sí Mismo, se manifiestan niveles superiores de entendimiento y conciencia.

CONCIENCIA, ESTADO ALTERADO DE LA – Un estado de conciencia consciente que trasciende los cinco sentidos físicos. Un nivel de conciencia mejorado y elevado ocasionado por el Deseo de Recibir para Compartir y el circuito completo y la conexión con la Luz.

CONCIENCIA CORPORAL – El Deseo de Recibir para Sí Mismo.

CONCIENCIA CÓSMICA – El estado de conciencia más elevado, en el cual todas las almas son reconocidas como un solo todo indivisible, interrelacionado e interdependiente más allá de los confines del tiempo, el espacio y el movimiento. La conciencia cuántica en la cual el pasado, el presente y el futuro están unificados en el ahora.

CONCIENCIA DEL ALMA – El Deseo de Recibir para Compartir.

CONCIENCIA DE LA LUZ CIRCUNDANTE – La Luz Circundante Superconsciente empieza donde acaba la Luz Interna. La omnipresente conciencia del cosmos, donde la información del pasado, el presente y el futuro se encuentran como un todo unificado. Se extiende más allá de la conciencia de luz interior de la humanidad. Es precisamente la conciencia de la Luz Circundante la que encontramos más en nuestras vidas.

CONCIENCIA ROBÓTICA – Cuando las influencias celestes gobiernan las actividades del hombre sin intervención de su capacidad intrínseca de ejercer el libre albedrío.

CORRECCIÓN – La tarea de traer armonía cósmica e individual al universo en un estado de perfección.

CREADOR – La fuente de toda la energía positiva en total exclusión de cualquier energía negativa.

CUERPO, ENERGÍA INTELIGENTE DEL – La energía inteligente del Deseo de Recibir para Sí Mismo.

CUANTO (lat. *quantum*) – En el sentido kabbalístico de la palabra, la sustancia del cuanto es "Ama a tu prójimo". Cuando la humanidad lo logre, el universo entero, tanto lo visible como lo invisible, será revelado tal como es: un solo todo unificado. Nuestro universo se percibe fragmentado sólo porque la humanidad está fragmentada.

DÁAT – Conocimiento.

DÁLET – "Pobre", también la cuarta letra del alfabeto hebreo, que simboliza la Tierra con la conexión de la *Shejiná* o *Zeir Anpín*.

DAVID, REY – Carroza de *Maljut*. Segundo rey de Israel y de la tribu de Yehuda, sucesor de Shaúl. Autor de muchos Salmos. El hijo del Rey David nacido de Batsheva, el Rey Shlomó, construyó el Primer Templo.

DESEO DE RECIBIR PARA COMPARTIR – Equilibrio. El aspecto de recibir con el propósito de compartir dando, a diferencia del Deseo de Recibir para Sí Mismo.

DESEO DE RECIBIR PARA SÍ MISMO – Negatividad. El aspecto de atraer o tomar. En nuestro universo todo está hecho de Deseo de Recibir. En el nivel físico, el Deseo de Recibir para Sí Mismo se caracteriza por el egocentrismo, el egoísmo y el materialismo en el hombre. Nuestro propósito es transformar este deseo egoísta en un Deseo de Recibir para Compartir, un equilibrio y armonía entre recibir e impartir que permite al individuo atraer hacia sí mismo la Luz positiva del Creador.

DEVEKUT – "Adhesión". Realización del concepto circular en el cual se produce la unión entre la Luz del Creador y el hombre.

DILUVIO – La gran inundación descrita en el relato bíblico de Nóaj, Génesis 7.

DOR DEÁ – La Generación del Conocimiento, originalmente la Generación del Diluvio, que reencarnó en la época de la Torre de Babel y de nuevo durante el Éxodo, y ahora durante la Era de Acuario.

DORMIR – Desde un punto de vista kabbalístico, el acto de dormir permite al alma liberarse temporalmente de las limitaciones e incertidumbres de la conciencia del cuerpo físico.

EGO – El individuo consciente de sí mismo, centrado en sí mismo. Desde el punto de vista kabbalístico, el ego es la manifestación del Deseo de Recibir para Sí Mismo. El ego es el factor que subyace a la expresión limitada de nuestro cinco por ciento de conciencia. Nuestro ego nos convence de que todas nuestras decisiones y actividades son el resultado directo de nuestra mente y nuestro pensamiento consciente.

ESCANEAR – Desde un punto de vista kabbalístico, el ojo humano es la ventana del alma, y como tal es una herramienta poderosa para la transmisión y recepción de la Luz canalizada por las letras y palabras del *Zóhar*. La conexión se establece en el nivel metafísico de nuestro ser e irradia a nuestro plano físico de la existencia. El hebreo se lee de la derecha a la izquierda.

ESCUDO DE SEGURIDAD – Cuando el escudo de David se activa, una película protectora de la Fuerza de Luz rodea al individuo evitando así la invasión del Señor de la Oscuridad y su devastadora flota de desgracia y enfermedad.

ESPACIO TIEMPO – Donde el tiempo se aborda como un lapso o espacio vacío.

ESPACIO VACÍO – Vacío, no revelación de la Fuerza de Luz. Este vacío representa la energía inteligente de la vulnerabilidad.

FRAGMENTACIÓN – Desunión e interrupción ocasionada por la manifestación divisiva y destructiva del Deseo de Recibir Sólo para Sí Mismo.

FUERZA DE LUZ – Ver LUZ.

FUERZA DE LUZ, LA – El Eterno, la Luz; la Unidad que Todo lo Abarca.

INFINITO, EL – La Unidad Infinita que todo lo abarca.

INFLUENCIAS CÓSMICAS – De la misma forma que la Luna ejerce influencia sobre las mareas de todas las aguas que hay en la Tierra en un nivel físico, y sobre los estados emocionales en un nivel más sutil, también las numerosas influencias cósmicas se combinan y se entrelazan metafísicamente y físicamente para dar forma al destino de la humanidad y del universo. El hombre, con el conocimiento apropiado de las herramientas kabbalísticas, tiene la capacidad de tomar el control sobre éstas y manifestar una realidad paralela superior de paz y armonía.

GUEMAR HATIKÚN – La Redención Final de Israel, la paz y armonía definitivas en el mundo. (Ver: CORRECCIÓN).

GUEVURÁ – La *Sefirá* del Juicio, el poder, la fuerza. La segunda de las Siete *Sefirot* Inferiores. Columna Izquierda, Yitsjak es la carroza de *Guevurá*.

HEI – La segunda y la cuarta letra del Tetragrámaton sagrado, la primera *Hei* representa la *Sefirá* de *Biná* y la segunda la *Sefirá* de *Maljut*.

HEISENBERG, PRINCIPIO DE INCERTIDUMBRE DE – Según la mecánica cuántica, es el concepto de que es imposible medir dos cantidades relacionadas de forma simultánea y exacta. Desde el punto de vista kabbalístico, la base de este dilema es una regla fundamental. La conclusión que emerge de aquí es la idea de que las cosas pueden estar en todos los sitios al mismo tiempo; no hay espacio, tal como determina el *Zóhar*.

HOD – Esplendor. Quinta de las Siete *Sefirot* Inferiores, la Columna Izquierda. Aharón, el Sumo Sacerdote, es la carroza de *Hod*.

HOLÍSTICO – Desde un punto de vista kabbalístico, perteneciente al panorama completo, el panorama cuántico, el circuito completo. Relacionado con sistemas completos e integrados en lugar de sus partes. A diferencia de atomístico.

INTELIGENCIA – Reflejo de los caminos de la causa y el efecto con el fin de aclarar el resultado final.

JERUSALÉN – Sagrado debido a que representa un flujo constante de energía interna. El centro de energía del mundo.

JÉSED – Misericordia, bondad amorosa. Primera de las Siete *Sefirot* Inferiores. La Columna Derecha, Avraham el Patriarca es la carroza de *Jésed*.

JOJMÁ – Sabiduría. La segunda *Sefirá* después de *Kéter*, es la energía arquitectónica embotellada de toda la creación.

KABBALAH – El alma interna de la Torá. Del hebreo *lekabel*, significa "recibir".

KABBALAH LURIÁNICA – El sistema de indagación y práctica establecido por Rav Yitsjak Luria. Enfatiza el lado más activo de la oración y lidia específicamente con las chispas de Luz que se elevan en la oración. En la literatura kabbalística la oración es como una flecha que el recitador lanza hacia arriba con el arco de la *cavaná*.

KABBALISTICA, MEDITACIÓN – Técnicas especiales de meditación que están descritas en su totalidad en *Los escritos del Arí* Z"L.

KÉTER – Corona. El vínculo entre la Fuerza de Luz del Creador y el cerebro es *Kéter*, la semilla de toda manifestación y actividad física. La primera de las Tres *Sefirot* Superiores de las Diez *Sefirot*.

KLIPOT – (plural de *klipá*) Cáscaras, envoltorios del mal creados por las acciones negativas del hombre que lo cubren y lo limitan en su desarrollo espiritual. Las barreras entre el hombre y la Fuerza de Luz del Creador.

LIBRE ALBEDRÍO – La capacidad de elegir entre manifestar el Deseo de Recibir para Compartir o el Deseo de Recibir Sólo para Sí Mismo.

LIBRO DE DANIEL – El profeta Daniel vivió en Persia en el tiempo de Nebujadnétsar (Nabucodonosor). El *Libro de Daniel* contiene conocimiento codificado que se refiere a la Era de Acuario y las letras del Álef Bet hebreo; la sabiduría del *Libro de Daniel* está sellada hasta el final de los días.

LIBRO DE ESTER – O *Meguilat Ester* (que significa la revelación de lo oculto), el rollo de la festividad de *Purim*, que relata la historia de la salvación de los judíos de Persia. Habla en profundidad sobre la entrega de dones y la caridad; devela muchos grandes secretos y contiene información codificada sobre la superación de todo mal.

LIBRO DEL ESPLENDOR o ZÓHAR – Del *Zóhar* está escrito: En tu compendio, Rav Shimón bar Yojái, el *Zóhar*, Israel y el mundo conocerán en el futuro el Árbol de la Vida, que es el *Libro del Esplendor*. Y el mundo avanzará desde su exilio con compasión (*Zóhar*, *Nasó* 6:90).

LUZ – La fuente y la fuerza de toda la energía, mental y física, con una característica intrínseca de compartir.

MAL DE OJO – Hay algunos hombres especialmente apropiados para la trasmisión de bendiciones, como por ejemplo una persona de "buen ojo". Hay otros que son especialmente dotados para la transmisión de negatividad y maldiciones. "En todo aquello en lo que sus ojos se posan, sus maldiciones se confirman... Así pues, un hombre debe apartarse cien veces para evitar a una persona con "ojo maligno".

MALJUT – Reino. La décima y última *Sefirá*, La *Sefirá* en la que se manifiesta el Deseo de Recibir más grande y en la que tiene lugar la corrección. El mundo físico.

NESHAMÁ – Tercero de los cinco niveles de alma. Correlacionado con la *Sefirá* de Biná.

NÉTSAJ – Victoria. Cuarta de las Siete *Sefirot* Inferiores. Sinónimo de la Columna Derecha. Moshé, simbolizado como su carroza.

OR EIN SOF – La Luz del Infinito de la cual brotaron todas las futuras emanaciones. La Luz primordial en la cual las almas del hombre estaban en perfecta armonía con el Creador. Un equilibrio completo entre el dar infinito del Creador y el recibir infinito de sus creaciones: las almas de los hombres. Aquello de lo cual nada puede entenderse y que sin embargo debe ser postulado.

PAN DE LA VERGÜENZA – La vergüenza que se siente cuando se recibe algo a cambio de nada. Todo el propósito de la vida en este mundo es eliminar el Pan de la Vergüenza.

PARDÉS – Interpretación bíblica de los versículos o palabras de la Biblia. Consiste en cuatro letras hebreas: *Pei* (de *peshat* o literal), *Resh* (de *remez* o alegórico), *Dálet* (de *derash* o político), *Sin* (de *sod* o esotérico/Kabbalah). El *Zóhar* dice: "Cuatro personas entraron en el *pardés* (huerto) concernientes a la naturaleza y el proceso de Creación: Ben Azái, Ben Zoma, el Ajer (que significa el "otro" y el apellido que se le da a Elishá Ben Avuyá) y Rav Akivá. Ben Azái, Ben Zoma y el Ajer entraron en los dominios de las interpretaciones *peshat*, *remez* y *derash* de la Torá. Sólo Rav Akivá entró en el dominio de sod, y sólo él sobrevivió. Los otros que entraron en PeReD, que es el mundo de la separación, no sobrevivieron. Es a través del añadido de la letra *Sin* (Kabbalah) que la palabra PeReD (separación) cambió a PaRDéS, la palabra de la unidad. Estas cuatro letras forman también la palabra

SeFeRaD. Así, a una persona que estudia la Kabbalah se le llama sefardí. La palabra hebrea *sefarad* (los judíos que normalmente son originarios de España) es una de las más malinterpretadas y mal entendidas que hayan emergido del judaísmo. Por consiguiente, debido al proceso de *tikún*, una persona puede encarnar como un judío asquenazí o uno que estudia PeReD, pero si sus estudios también incluyen al *Sod* (Kabbalah), entonces es en esencia un judío sefardí. En el caso contrario, una persona encarnada como sefardí que descuida o incluso que se opone al estudio de la Kabbalah se considera un judío asquenazí. (*Zóhar* 1, p. 26b, 27a).

PENSAMIENTO CONCIENCIA – La única realidad verdadera que debe ser considerada en un marco de energía inteligente.

PODER DEL UNO – El Todo Unificado que Todo lo Abarca, la Fuerza de Luz.

RAAYÁ MEHEIMNÁ – El Pastor Fiel, refiriéndose a Moshé.

RASHBI – Rav Shimón bar Yojái.

REENCARNACIÓN – Desde un punto de vista kabbalístico, es el movimiento y las etapas del viaje del alma para lograr su *tikún* (corrección).

RESTRICCIÓN – La energía inteligente de la Columna Central que establece y mantiene el equilibrio en el universo.

RÚAJ – Segundo nivel inferior de la conciencia del alma. Antes del pecado de Adam, que fue la negación de la Fuerza de Luz, el universo entero existía y permanecía conectado al nivel de *Rúaj*, libre de las demandas del espacio y el tiempo e inmune a la entropía y la muerte. Asociado con la *Sefirá* de *Zeir Anpín*.

SABIDURÍA – (*Jojmá*) La segunda *Sefirá* de las Tres *Sefirot* Superiores y la primera de las Cuatro Fases. El conocimiento de todos los aspectos finales de la realidad.

SATÁN – La personificación del Deseo de Recibir para Sí Mismo.

SEFARDÍ – (plural: *sefardim*), ver: PARDÉS.

SÉFER YETSIRÁ – Libro de la Formación. Primera obra kabbalística conocida que contiene todas las enseñanzas de la Kabbalah en un lenguaje conciso altamente esotérico. Se atribuye a Avraham el Patriarca.

SEFIRÁ (plural: *Sefirot*) – Término kabbalístico que denota a cada una de las diez esferas o canales metafísicos a través de los cuales emana y se manifiesta la Fuerza de Luz del Creador, y es emanada al hombre.

SERES NO CORPÓREOS – Entidades extraterrestres de pensamiento consciente sin las limitaciones físicas del tiempo, el espacio y el movimiento.

SHEJINÁ – Ámbito cósmico al cual un individuo puede conectarse para adquirir conciencia cósmica, manifestada en la dimensión de *Maljut*.

SISTEMA DE TRANSFERENCIA DE ENERGÍA – Sistemas de transferencia tal como se prescriben dentro de la Sabiduría de la Kabbalah, creados y escritos en pergamino especial por escribas cualificados para proporcionar consciencia cósmica y pura a aquellos que buscan un nivel superior de inteligencia cósmica a través del poder de los *Tefilín*, las *Mezuzot*, las *Meguilot* y el *Séfer Torá*.

SITRÉI TORÁ – Las enseñanzas más profundamente ocultas de la Torá, recibidas sólo mediante la revelación Divina.

TAAMÉI TORÁ – Las razones (degustaciones de la Torá) a través de las cuales una persona alcanza los verdaderos significados internos de la Torá y, por consiguiente, se eleva a los niveles más altos de espiritualidad.

TALMUD – La forma escrita de la ley oral. La obra principal de los estudios judaicos. Una compilación de la *Mishná*, los *Tosafot* y la *Guemará*.

TAMUZ – Cuarto mes del calendario del año lunar judío, décimo desde *Rosh Hashaná*, se aproxima al mes de junio y julio. Su signo zodiacal es Cáncer.

TEMPLO – Una estructura física sobre el centro de energía del universo que actúa como el receptáculo o la estación receptora de la Fuerza de Luz del Creador.

TESHUVÁ – Ningún individuo puede lograr completar la fase de *teshuvá* (un concepto de regreso al futuro), en la cual el individuo adquiere el control total de su destino, a menos que adquiera conocimiento de los procesos inconscientes enraizados en el alma junto con el conocimiento de vidas pasadas.

TETRAGRÁMATON – El Nombre sagrado compuesto de cuatro letras hebreas: *Yud*, *Hei*, *Vav* y *Hei*.

TIKÚN – El proceso de corrección hecho por el alma.

TODO UNIFICADO QUE TODO LO ABARCA, EL – El Eterno, Dios.

TSADIK – Justo. Asociado con la *Sefirá* de *Yesod* y el Pacto.

TSIMTSUM – La Restricción original.

UNIVERSOS PARALELOS – Los ámbitos de la Realidad del Árbol de la Vida y la Realidad ilusoria del Árbol del Conocimiento tal como se describen en Génesis.

VELOCIDAD DE LA LUZ – 300.000 kilómetros por segundo. Desde el punto de vista kabbalístico, la luz no viaja sino que está siempre presente, aunque en un estado oculto que espera la revelación. Por lo tanto, el kabbalista habla de la "velocidad" de la revelación de la luz.

YEJIDÁ – Nivel más elevado del alma. Total unidad con la Luz del Eterno.

YESOD – Sexta de las Siete *Sefirot* Inferiores, de la cual Yosef es la carroza. La *Sefirá* a través de la cual se emana toda la Luz a nuestro mundo.

YUD – La letra más pequeña aunque la más poderosa del *Álef Bet*. La primera letra del Tetragrámaton.

ZÓHAR – La fuente fundamental de la Kabbalah. Fue escrito por Rav Shimón bar Yojái mientras se escondió de los romanos en una cueva en Pekiin durante 13 años. Más tarde fue sacado a la luz por Rav Moshé de León en España.

ZONAS CÓSMICAS DE PELIGRO – Zonas del tiempo que ocurren cíclicamente y que manifiestan fuertes influencias negativas, las cuales pueden ser superadas o al menos mitigadas con el conocimiento de la Kabbalah y el uso de la Restricción.

Notas biográficas

ABA, RAV - (**c. 130 E. C.**) Estudiante de Rav Shimón bar Yojái quien, según el *Zóhar* (Haazinu 6:26), puso por escrito las palabras del *Zóhar* tal como fueron reveladas por Rav Shimón bar Yojái.

ABARBANEL, RAV DON YITSJAK - (**c. 1437-1509 E. C.**) Redescubrió el maravilloso mundo del reino místico en general y la Kabbalah en particular. Sirvió a la casa real española antes de la expulsión de los judíos de España. Logró perforar la cortina de hierro que oculta los misteriosos enigmas de la redención encubiertos en el *Libro de Daniel*. Infundió ánimo a los judíos tras su expulsión de España componiendo varias obras dedicadas al deseo central de aquel período: la llegada del Mesías.

ABAYÉ - (**c. 270-339 E. C.**) Uno de los *amoraim* (eruditos que hablaban) más prominentes. Junto con su oponente, Ravia, se menciona con frecuencia en los discursos del *Talmud Babilónico*.

ABU-HASIRA - Una familia de kabbalistas, la mayoría de quienes vivieron en Marruecos. Shmuel Abu-Hasira (**c. 1500 E. C.**) vivió en Siria. Fue conocido como un erudito del *Talmud* y la Kabbalah práctica. Yaakov ben Masoud Abu-Hasira (**c. 1807-1880 E. C.**) fue un kabbalista ampliamente conocido por su piedad; escribió el *Guinzéi HaMélej* sobre la Kabbalah.

ABULAFIA, TODROS BEN YOSEF HALEVÍ - (c. 1220-1298 E. C.)

Rabino y kabbalista español, Abulafia fue instruido en la Kabbalah por ben Moshé ben Shimón, a quien dedicó su obra *Puertas de los Secretos*, un comentario sobre los Salmos. En opinión de Yitsjak Albalag, filósofo del siglo XIII, Abulafia fue uno de los tres kabbalistas más importantes de su generación. Yitsjak ibn Latif que vivió en Toledo también en el siglo XIII dedicó su famosa obra *Zeror haMor*, (*Un paquete de mirra*) a Abulafia. Yosef, hijo de Abulafia, se unió al círculo kabbalístico en Toledo, llegó a tener una amistad con Moshé de León y fue uno de los primeros en recibir un ejemplar del *Zóhar*.

AHARÓN BEN YOSEF HACOHÉN SARGADO - Gaón y Decano de la Yeshivá Pumbedita (circa 940-960 E. C.), también conocido como Halaf ibn Sargado. Aunque Aharón ben Yosef era muy elocuente y erudito, Saadia Gaón le preocupaba mucho porque Saadia Gaón era quizás mucho más erudito. Aharón ben Yosef escribió un comentario en árabe sobre los *Cinco Libros de Moshé*, en el mismo estilo que el de su rival, Saadia Gaón.

AHARÓN DE BAGDAD - (Mediados siglo XIX) Erudito babilónico que vivió en el Sur de Italia. Descrito por Rav Eleazar ben Yehuda de Worms en *Meguilat Ajimaats*, la crónica de la familia de Eleazar, como "el padre de todos los secretos". Muchas historias se han contado sobre la sabiduría y el misticismo de Aharón de Bagdad.

AKIVÁ, RAV BEN YOSEF - (c. 15-135 E. C.)

Contemporáneo más joven de Rav Gamliel. Maestro de Rav

Shimón bar Yojái, el autor del *Zóhar*, (*Libro del Esplendor*). Rav Akivá comenzó el estudio de la Torá a la edad de cuarenta años, motivado por su esposa Rajel, hija de los ricos Kalva Savúa por quienes fue empleado como pastor (*Tratado Ketubot*, 62B). Uno de los líderes más prominentes (*tanaim*) de la generación, los discípulos de Rav Akivá en su Academia en Bnei Berak llegaron a unos veinticuatro mil (*Tratado Sanedrín* 32A). Rav Akivá compiló y sistematizó los temas de la *Torá Baal Pei* (*Talmud*) conocidos como la *Mishná* de Rav Akivá (*Mishná*, *Tratado Sanedrín* 3). Esta obra sentó las bases para la compilación final de la *Mishná* por parte de Rav Yehuda HaNasí (el Príncipe). Rav Akivá era un partidario principal de Bar Kojbá, a quien consideraba el Mesías, en la última insurrección contra Roma. Capturado por los romanos y asesinado por estudiar la Torá, Rav Akivá dio su último aliento mientras recitaba el *Shemá*: "Con la muerte de Rav Akivá, la corona de la Torá dejó de existir" (Tratado Sotá 92).

ALASHKAR, MOSHÉ BEN YITSJAK - (c. 1466-1542 E. C.)

Talmudista y poeta kabbalístico nacido en España. Cuando fueron expulsados los judíos, Alashkar huyó de España en 1492. Más tarde se estableció en Egipto y en 1522 se convirtió en *dayán* (juez) en el Cairo. Que Alashkar sabía Kabbalah es evidente en sus explicaciones kabbalísticas citadas por Shmuel Uceda en su obra *Midrash Shmuel* y en varios de sus poemas litúrgicos. Famoso por su libro *Hasagot* (Notas críticas).

ALDABI, MEIR BEN ISA - (c. 1300 E. C.)

Kabbalista nacido en Toledo, nieto de Asher ben Yejiel. Tenía estrechos vínculos con Bajiá ben Yosef ibn Paquda y Najmánides. Se establecieron en Jerusalén, donde completó su famosa obra *Shebilé Emuná* (*Caminos de la fe*).

ALGAZI, YOM TOV BEN ISRAEL YAAKOV - (c. 1727-1802 E. C.) Kabbalista y halajista; amigo cercano de Rav H.J.D. Azulái; estudió con Rav Yoná Navón y Rav Shalom Sharabi. Algazi fue miembro del grupo de kabbalistas Ahavat Shalom.

ALKABETZ, RAV SHLOMÓ HALEVÍ - (c. 1505-1576 E. C.) Kabbalista y poeta místico, autor de *Lejá Dodí*, que se recita el viernes por la noche; fundador del famoso centro kabbalístico en Salónica. Era un contemporáneo de Rav Yitsjak Luria (el Arí) y Rav Yosef Caro, autor del Shulján *Aruj*.

AMARILLO, AHARÓN BEN SHLOMÓ - (c. 1700-1772 E. C.) Kabbalista nacido en Salónica. Famoso por su *responsa* (libro de consultas de índole halájica) titulada *Penéi Aharón*.

ÁNGEL, MEIR BEN YITSJAK - (c. 1560 E. C.) Rabino y kabbalista, nacido en Sofía que finalmente emigró a Safed, donde estudió con Rav Jayim Vital.

ANTIBI, AVRAHAM BEN YITSJAK - (c. 1765-1858 E. C.) Talmudista y kabbalista sirio nacido en Alepo; estudió con su padre, Yitsjak Brajá y con Yeshayahu Dabán. En sus escritos sobre la Kabbalah, especuló sobre la fecha de la Redención. Es el autor de *Yoshev Ohalim*. Sus obras son una fuente importante para la vida religiosa de los judíos de Siria.

ASHER BEN DAVID - (**c. 1229 E. C.**) Kabbalista y nieto de Avraham ben David de Posquieres. Asher ben David vivió en la Provenza y fue uno de los alumnos más importantes de su tío, Yitsjak el Ciego. Sus obras más importantes aparecieron bajo el título de *Séfer HaYijud*. Incluyen una larga explicación de Tetragramáton, *Perush Shem HaMeforash*, y una explicación de la cosmogonía, *Perush Maasé Bereshit*. Sus obras se encuentran entre los primeros relatos detallados de las ideas kabbalísticas. En este sentido, Asher se aproxima a Azriel de Gerona. Sus escritos indican que el *Zóhar*, revelado más tarde por el famoso Kabbalista español Moshé de León en 1290, ya era conocido por los kabbalistas famosos.

ASHER BEN YEJIEL - (**c. 1250-1327 E. C.**) Un reconocido líder de los judíos alemanes, Asher ben Yejiel dejó Alemania y aceptó el puesto de Rabino en Toledo, donde fue recibido con gran honor por Shlomó ben Avraham Aderet. Asher ben Yejiel fue conocido por su piedad, tal como se expresa en su célebre obra, *Hanhagot HaRosh*, que muestra su comprensión kabbalística del *Talmud*.

ASHKENAZI, BEZALEL - (**c. 1520-1592 E. C.**) Nacido en Jerusalén, Ashkenazi se trasladó a Egipto en 1540 donde fundó una importante escuela de aprendizaje. Entre los estudiosos de la escuela estaba el "Gran León de Safed", Rav Yitsjak Luria (el Arí). Dejó Egipto en 1587 para convertirse en Rabino Jefe en Israel como sucesor de Rav Jayim Vital. Cuando el famoso Rabino de Egipto, David ben Shlomó ibn Abi Zimra fue a Israel (**c. 1550**), Ashkenazi le sucedió como jefe de los rabinos egipcios. Su obra más famosa y clásica es *Shitá Mekubezet*, (Colección de interpretaciones).

ÁSHLAG, RAV YEHUDA - (**c. 1886-1955 E. C.**) Famoso kabbalista conocido como el pionero de la Kabbalah moderna, Áshlag desarrolló un nuevo enfoque para la comprensión del sistema luriánico. Sus escritos profundos, pero accesibles, proporcionan las claves necesarias para comprender el *Zóhar*. Su traducción del *Zóhar* entero, conocido como el *Sulam* (escalera), facilitó el interés generalizado de este texto sublime y abstruso. Él abrió las puertas al judaísmo espiritual a través de su obra de dieciséis volúmenes llamada *Estudio de las Diez Emanaciones Luminosas*.

AVRAHAM BAR JIYÁ - (**c. 1130 E. C.**) Astrónomo y matemático español cuya obra principal astronómica, *Jojmat haHizayón*, consistía en dos partes. La primera parte, *La forma de la Tierra y la figura de las esferas celestes* es una revisión de las siete tierras y los siete climas mencionados en el *Zóhar*. La segunda parte, *El cálculo de los cursos de las estrellas*, se basa sin duda en el *Séfer Yetsirá*.

AVRAHAM BEN MOSHÉ BEN MAIMÓN - (**c. 1186-1237 E. C.**) hijo de Maimónides; erudito y posterior líder de la comunidad judía egipcia tras la muerte de su padre. Después de la gran controversia que estalló en la Provenza y en España sobre las escrituras de su padre, salió en defensa de su padre. Mientras que Maimónides había dirigido todos sus esfuerzos a decodificar el *Talmud*, la visión del judaísmo de su hijo fue de carácter místico.

AVRAHAM BEN YITSJAK DE GRANADA - (**c. siglo XIII E. C.**) kabbalista español, autor de *Berit Menujá*, (*El* *pacto del descanso*). El propósito del libro era proporcionar una base sistemática para la llamada Kabbalah práctica. Su trabajo fue muy valorado por Moshé Cordovero y Rav Yitsjak Luria (el Arí).

AVRAHAM, EL PATRIARCA - **(c. 1900 A. E. C.)** se considera la carroza de la *Sefirá* de *Jésed* (Bondad), como se ejemplifica en el libro de Génesis.

AZULÁI, RAV AVRAHAM BEN MORDEJÁI - **(c. 1570-1643 E. C.)** Famoso kabbalista nacido en Fez, Marruecos, de una familia de kabbalistas de origen castellano. Rav Avraham Azulai escribió tres tratados sobre el *Zóhar*: *Or Levaná* (*Luz de la Luna*), *Or HaJamá* (*Luz del Sol*), y *Or HaGanuz* (*La Luz oculta*), basado principalmente en el sistema luriánico. Destacó el permiso concedido para que todos puedan entrar en las puertas del mundo del misticismo.

BARZILÁI, YEHUDA BEN AL BARGELONI - Kabbalista y halajista español del siglo XII conocido por su comentario sobre el *Séfer Yetsirá* llamado *Perush Séfer Yetsirá*. Sus otras obras incluyen el *Séfer HaItim*, que trata de las festividades judías y al cual se refirió ampliamente por comentarios posteriores.

BOTAREL, MOSHÉ BEN YITSJAK - Kabbalista español del siglo XV, cuya obra principal es un comentario sobre el *Séfer Yetsirá*. Este valioso trabajo surgió de su deseo de mejorar el estado de la Kabbalah.

BRANDWEIN, RAV YEHUDA TZVI - (c. 1904-1969 E. C.)

Kabbalista y estudiante significativo del Rav Áshlag. Su amplio conocimiento del sistema luriánico le permitió codificar y editar todos los escritos de Rav Yitsjak Luria (el Arí). Continuó con el estilo similar de traducción y de comentarios de Rav Áshlag conocido como *Maalot HaSulam* (Extensión de la escalera) sobre las obras de Rav Shimón bar Yojái, que Rav Áshlag no había terminado durante su vida, a saber: *Hashmatot HaZóhar* (*Otras varias escrituras*) y *Tikunéi Zóhar* (*Adenda al Zóhar*). Rav Brandwein fue el primer morador judío dentro de la Ciudad Vieja de Jerusalén después de la Guerra de los Seis Días.

CORDOVERO, RAV MOSHÉ - (c. 1522-1570 E. C.)

También conocido por la abreviatura RAMAK, Cordovero fue el famoso kabbalista edad de oro de Safed. Él era el cuñado del Rav Shlomó Alkabetz y en una ocasión maestro de Rav Yitsjak Luria (el Arí). Su gran obra principal *Or Yakar* (*Preciosa Luz*) sobre todo el *Zóhar* sólo recientemente ha comenzado a ver la luz del día. Creador de uno de los dos sistemas básicos de comprensión del *Zóhar*. Su otro trabajo importante, *Pardés Remonim* (*Huerto de granadas*) es un compendio sistemático de conceptos kabbalísticos con relación a la acción interna de la Fuerza de Luz original que emana del Creador. Rav Jayim Vital, alumno de Rav Yitsjak Luria, tuvo un sueño en el cual el RAMAK le reveló que en la era del Mesías prevalecería el sistema luriánico.

DAVID BEN AVRAHAM MAIMUNI - (c. 1222-1300 E. C.)

Maguid del judaísmo egipcio y nieto de Maimónides. En

su comentario sobre la parte primera del libro de Génesis aparecen citas del *Zóhar*, indicando la existencia de los escritos *zóharicos* antes de que fueran revelados por Moshé De León.

DAVID BEN YEHUDA HAJASID - (c. 1340 E. C.)

Kabbalista español y nieto de Najmánides. Escribió muchos libros sobre Kabbalah, la cual él creía que evolucionó a partir de los kabbalistas castellanos. Es autor del *Séfer HaGuevul*, sobre la *Idrá Rabá* y de *Or Zaruá*, un extenso comentario kabbalístico sobre el orden de las oraciones.

DAVID BEN YITSJAK HALAVÁN - (c. 1300 E. C.)

Kabbalista español que escribió *Masoret HaBerit*, una obra kabbalística sobre la reencarnación.

DONOLO, SHABTÁI - (c. 913-982 E. C.)

Famoso kabbalista y médico italiano nacido en Oria, Italia. Su obra más famosa sobre la Kabbalah es su libro *Séfer Hajmoní*, un comentario sobre el *Séfer Yetsirá*. Su *Séfer HaMirkahot* (*Libro de los remedios*) extrajo material de sus conocimientos de *HaKarot HaPartsuf* (*Fisonomías*) y de astrología, que sin duda estaba basada en su comprensión de la Kabbalah. Su *Séfer Hajmoní* proporciona una colección masiva de información sobre el estudio de la astronomía, que sin el estudio de la astrología seguiría siendo incomprensible.

ERGAS, YOSEF BEN EMANUEL - (c. 1685-1730 E. C.)

Rabino y kabbalista descendiente de Marranos. Nació en Livorno, en la costa occidental de Italia, descendiente de una noble familia española. Binyamín ha Cohén Vitale de Reggio le enseñó Kabbalah. Sus trabajos kabbalísticos incluyen: *Shomer Emunim*, *Mevo Petahim*, selecciones de Kabbalah Luriánica, y *Minjot Yosef*, reglas para el estudio de la Kabbalah.

GALANTE, MOSHÉ BEN MORDEJÁI - (c. 1550 E. C.) Kabbalista de Safed y discípulo de Yosef Caro y Moshé Cordovero. Su obra principal fue *Mafteá HaZóhar*, un índice de pasajes bíblicos en el *Zóhar*. Hermano de Yitsjak ben Mordejái Galante.

GERONDI, YAAKOV BEN SHESHET - (c. 1340 E. C.) Kabbalista de Gerona, Cataluña. Su obra más famosa, *Meshiv Devarim Nekhohim*, fue referida en textos de Bajiá ben Asher y Menahem Recanati.

IBN EZRA, AVRAHAM - (c. 1089-1165 E. C.) Nacido en Tudela, España, Avraham fue comentarista bíblico, médico y astrónomo. Sus escritos son una contribución importante para la humanidad. Creyente en la astrología, intentó conciliar la creencia en los decretos cósmicos con el concepto de libre albedrío.

ISCANDARI, AVRAHAM BEN ELEAZAR - (c. 1550 E. C.) Uno de los cuatro hijos de Eleazar ben Avraham Iscandari (Scandari) quien fue médico de la corte de Sinan Pasha, el gobernador turco de Egipto. Mantuvo una *Yeshivá* en su propia casa y poseyó muchos manuscritos. Participó en el estudio de la Kabbalah y copió el *Safrá Detsniutá* del *Zóhar* con un comentario de Rav Yitsjak Luria, agregando sus propias glosas.

JAYAT, YEHUDA BEN YACO - (**c. 1450 E. C.**) Kabbalista nacido en España que estudió la Kabbalah con Shmuel ibn Shraga. Después de la expulsión española, vivió en Mantua, Italia. Su obra, *Maareket HaElohut*, es un detallado texto kabbalístico que está de acuerdo en principio con las opiniones de Menajem Recanati sobre la esencia de las *Sefirot*.

JAYIM AVRAHAM RAFAEL BEN ASHER - (**c. 1720 E. C.**) Jefe rabino sefardí y kabbalista. Publicó el *Shaaréi Kedushá* de Rav Jayim Vital.

JAYIM BEN AVRAHAM HACOHÉN - (**c. 1580**) Nacido en Alepo después de que sus antepasados se establecieran allí tras la expulsión de España, Jayim ben Avraham haCohén se convirtió en uno de los rabinos y kabbalistas de Alepo. Fue un estudiante de Rav Jayim Vital durante sus últimos años en Damasco. Escribió numerosos trabajos sobre la Kabbalah, que incluyen su *Mekor Jayim*, un comentario kabbalístico detallado sobre las reglas del *Shulján Aruj*.

JAYIM BEN YOSEF VITAL - (**c. 1542-1620 E. C.**) Kabbalista y el único estudiante de Rav Yitsjak Luria (el Arí). Aunque Jayim Vital nació en Safed, su padre, Yosef Vital Calabrese, venía de Calabria en la Italia meridional. Estudió de Moshé Alshekh, su maestro en estudios exotéricos. En 1564, comenzó sus estudios de Kabbalah, primero según el sistema de Moshé Cordovero. Después de la llegada de Rav Yitsjak Luria de Safed, Jayim Vital se convirtió en su único estudiante, y estudió con su maestro amado hasta la muerte de Arí en el 5 de Av de 1572. Entonces comenzó a organizar las enseñanzas del Arí en forma escrita. Jayim Vital se trasladó a Jerusalén, donde sirvió como rabino de 1577 a 1585. Regresó a Safed en 1586 y se quedó allí hasta 1592. Luego se trasladó a Damasco y permaneció allí hasta su muerte. En aquel tiempo ya había anotado todas las enseñanzas de su maestro. Las escrituras fueron organizadas en dos obras. La primera fue *El Árbol de la Vida* y la segunda fue organizada en ocho secciones llamadas *Shemoná Shaarim* (Ocho Puertas), desglosadas como sigue:

La Entrada de las Puertas (*Mevó HaShaarim*)

Puerta Uno - *Shaar HaHakdamot* (*Puerta de introducción*): incluye la Doctrina de la Emanación y la Creación del Mundo.

Puerta Dos - *Shaar Maamarei Rashbi VeRazal*: comentarios sobre los escritos de RASHBI (Rav Shimón bar Yojái), autor del *Zóhar*.

Puerta Tres - *Tratados Talmúdicos* según el sistema luriánico.

Puerta Cuatro - *Shaar HaPesukim*: un conjunto de comentarios sobre todas las partes de la Biblia.

Puerta Cinco - *Shaar HaMitsvot*: una colección de comentarios sobre todos los preceptos de la Biblia dispuestos según el orden de la Torá.

Puerta Seis - *Shaar HaCavanot*: proporciona la meditación para todas las oraciones y los preceptos, así como las razones de los preceptos para empezar.

Puerta Siete - *Shaar Rúaj HaKódesh*: aborda el método y el sistema de poder mental a través del cual las cosas de nuestro universo y todo lo que contiene pueden ser manipuladas y llevadas bajo control incluyendo la unificación del cosmos, la utilización de la energía cósmica, la proceso de *tikún* y los principios de la fisiognomía.

Puerta Ocho - *Shaar HaGuilgulim*: cubre la doctrina sobre el alma y sus transmigraciones.

Jayim Vital fue una de las influencias más importantes en el desarrollo y difusión de la Kabbalah, asumiendo el cargo como formulador principal del sistema luriánico

KADOORIE, SASSON - (**c. 1885-1971 E. C.**) Rabino Jefe de Bagdad de 1927 a 1929.

KASSIN, RAV YAAKOV - (**c. 1900-1994 E. C.**) Rabino y kabbalista, quien a muy temprana edad abogó por el estudio de la Kabbalah. Fue el Rabino Jefe y *jajam* de la comunidad Siria en Brooklyn, Nueva York.

LANIADO, RAV SHMUEL BEN AVRAHAM - (**c. 1540 E. C.**) Rabino y comentarista bíblico sirio, conocido por sus obras *Baal HaQuelim*. Era un nieto de Shmuel Laniado que se asentó en Adrianópolis tras la expulsión de España. Nació en Alepo, donde se convirtió en jefe de la comunidad después de la muerte del famoso kabbalista, Rav Shmuel ben Yosef HaCohén. Su hijo Avraham fue también un *dayán* en Alepo.

MENAJEM AZARIÁ DE FANO - (**c. 1609 E. C.**) Famoso kabbalista italiano cuyo trabajo *Maamar HaNéfesh* sigue la mística idea desarrollada por Rav Yitsjak Luria sobre el alma, en la que cada letra de la Torá representa la raíz superior del alma de cada individuo en Israel.

MOSHÉ, RAV BEN SHLOMÓ DE BURGOS - (c. 1230

E. C.) Kabbalista español y estudiante de los famosos Kabbalistas Yitsjak y Yaakov ben Yaakov HaCohén, y un kabbalista líder en Castilla. Sus alumnos incluyeron a Yitsjak ben Shlomó ibn Sahula y Todros Abulafia. Expresó la relación de la filosofía con la Kabbalah así: "El nivel alcanzado por sus jefes (filósofos) llega a sólo la posición de nuestros pies". Sus trabajos incluyen comentarios del *Cantar de los Cantares*, del Nombre Divino de 42 letras y del Misterio de los 13 Atributos Divinos.

NAJMÁNIDES - (Rav ben Moshé Najman: abreviado RAMBAN) (c. 1195, Gerona - 1270, Acre)

Famoso kabbalista español, erudito del *Talmud* y exegeta bíblico, que adoptó una posición mística en la batalla que se libró en torno a la filosofía durante el siglo XIII. Su comentario sobre el *Séfer Yetsirá* proporciona una comprensión profunda a esta abstrusa y difícil obra sobre la Kabbalah. Su comentario de la Biblia no puede ser entendido si no es a partir de una comprensión de la Kabbalah. Su oposición al aristotelismo, que había puesto en peligro los fundamentos del judaísmo en España, estaba totalmente basado en las doctrinas principales del *Zóhar*, el cual cuenta la leyenda que era ya conocido por Najmánides. Los misterios de la Kabbalah se arraigaron inicialmente durante la segunda mitad del siglo XII en la Provenza y posteriormente florecieron plenamente allí y en el Norte de España en el siglo XIII. Najmánides no desempeñó un papel pequeño en este nuevo desarrollo, al contrario, posiblemente fue el precursor de este movimiento que culminó un período en la historia de los judíos denominada la Edad de Oro de España.

NEJUNYÁ BEN HAKANÁ, RAV - (c. 70-130 E. C.)

Contemporáneo de Rav Yonatán ben Zakái (*Baba Batra* 10a). Un famoso místico y autor del *Aná Bejoáj*, una recitación incluida en la Oración de la Mañana. Esta profunda oración mística está conectada y relaciona con las Siete *Sefirot*, ya que cada una de las siete frases se refieren a una *Sefirá* particular. Esta oración también está incluida en el Conteo del *Ómer*, y su importancia se basa en la relación mística con cada uno de los cuarenta y nueve días que comienzan el segundo día de *Pésaj* y terminan el día antes de *Shavuot*. También ha sido considerado al autor del famoso texto kabbalístico, el *Séfer HaBahir*.

PINTO, YOSHIYAHU BEN YOSEF - (c. 1565-1648 E. C.)

Nacido en Damasco, Rav Pinto se convirtió en un kabbalista y rabino de Damasco durante la mayor parte de su vida. Siguió detenidamente el sistema del Arí tal como fue establecido por Rav Jayim Vital. Rav Shmuel Vital, hijo de Rav Jayim Vital, fue discípulo de Rav Pinto y posteriormente se casó con su hija. Es más conocido por su obra llamada *Meor Einayim*.

RASHI - (c. 1040-1105 E. C.) Rav Shlomó ben Yitsjaki.

Erudito francés de la Torá y el *Talmud*, cuyos comentarios forman una parte esencial del aprendizaje judío. Sus escritos incluyen *Sidur Rashi*, *Séfer HaPardés*, *Séfer HaOrá*, *Likutei HaPardés* y *Séfer Yisur Veheter*.

RAV AVRAHAM BEN DAVID DE POSQUIERES - (c. 1125-1198 E. C.)

Conocido por su acrónimo RABAD, fue

una autoridad kabbalística y talmúdica que vivió en la Provenza, conocido por su exhaustiva crítica de Maimónides. Produjo numerosas obras literarias, *Torá HaBayit* y *Baal HaNéfesh*, por mencionar algunas. Su comentario sobre el *Séfer Yetsirá* es de especial importancia, ya que esta obra estableció al RABAD como una de las figuras más prominentes de la literatura kabbalística. Esta obra (y su exploración de los estratos metafísicos de la Kabbalah) ejercieron una considerable influencia en posteriores kabbalistas españoles. Definió conceptos abstractos con una claridad máxima, logrando un lugar especial en la historia como uno de los grandes comentaristas de la Kabbalah.

RECANATI, RAV MENAJEM BEN BINYAMÍN - (c. 1350-1440 E. C.)

Kabbalista italiano, cuya familia vino originalmente de España. Su obra kabbalística principal fue *Perush al HaTorá* (Comentario sobre la Torá) y *Taamái HaMitsvot* (Explicación de los preceptos). Fue citado extensivamente a lo largo de *Los escritos del Arí*.

SAADIA BEN YOSEF GAÓN - (c. 882-942 E. C.)

El mayor erudito del período gaónico y un líder importante del judaísmo babilónico. Saadia nació en Egipto. Después de salir de Egipto, pasó un tiempo en Israel y Alepo, desde donde se trasladó a Bagdad. Gran parte de sus obras *halájicas* están todavía en forma de manuscrito, miles de piezas dispersas. Escribió un comentario en árabe sobre el *Séfer Yetsirá*, que posteriormente fue traducido al hebreo por Moshé ben Yosef de Lucena. Su obra *Emunot PeDeot* presenta sus pensamientos sobre el concepto del conocimiento; sostiene que la revelación es necesaria. Su traducción de la Biblia es de particular importancia, puesto que está escrita de una manera que la hace accesible al lector común. También fue un gran innovador en el ámbito de los himnos.

SARUG, ISRAEL - (c. 1550 E. C.) Kabbalista egipcio que conoció a Rav Yitsjak Luria, mientras que el mismo estaba en Egipto. De los escritos de Rav Jayim Vital, él comenzó a formular su base del sistema luriánico. Fundó una escuela completa de kabbalistas, entre ellos los kabbalistas más famosos de la época, como Menajem Azariá de Fano, Yitsjak Fano y Aharón Berejia ben Moshé de Modena. Afirmaba que podía reconocer la transmigración de la gente que conocía. Escribió un comentario sobre porciones del *Zóhar*.

TAYIB, YITSJAK BEN BENYAMIN - (c. 1760 E. C.) Rabino y kabbalista de Túnez. Es autor de una obra kabbalística y comentarios de *Pirkei Avot* y la *Hagadá* de *Pésaj*.

TOLEDANO, JAYIM BEN HABIB HAJASID - (c. 1600 E. C.) Originario de Toledo, España, Jayim ben Habib HaJasid Toledano era un rabino y kabbalista que copió y difundió la obra kabbalística *Yerá Yakar* de Rav Avraham Galante.

UCEDA, SHMUEL BEN YITSJAK - (c. 1530 E. C.) Nacido en Safed, Israel, Shmuel Ben Yitsjak Uceda fue un rabino y kabbalista que estudió principalmente con Rav Jayim Vital y Elishá Gallico. Estableció una *Yeshivá* en Safed y también pasó tiempo en Alepo. Entre sus obras se encuentra

Midrash Shmuel sobre *Pirkei Avot*, en la que cita algunos de los primeros estudiosos españoles.

UZIEL, RAV YEHUDA - (**c. 1620 E. C.**) Hijo de Rav Yosef Uziel, Rav Yehuda fue un kabbalista, rabino y *dayán* en Fez, Marruecos. Posteriormente se convirtió en rabino de Fez.

VALLE, MOSHÉ DAVID BEN SHMUEL - (**c. 1696-1777 E. C.**) Médico y kabbalista italiano nacido en Padua, se consideraba que Rav David Moshé Valle ben Shmuel tenía poderes espirituales y recibía revelaciones místicas. Es mencionado en documentos del círculo kabbalístico de Moshé Jayim Luzzatto. Parte de su obra aparece en el final de *Meguilot Setarim* de Luzzatto.

VIDAS, ELUÁ BEN MOSHÉ DE - (**c. 1540**) Uno de los mayores kabbalistas de Safed, Eluá ben Moshé de Vidas fue discípulo y amigo de Moshé Cordovero, a quien se refirió como "mi maestro". Su *Reshit Jojmá* es una de las obras destacadas sobre la moral en el judaísmo. Escribió extensivamente sobre el *Zóhar*.

VITAL, MOSHÉ BEN SHMUEL BEN JAYIM - (**c. 1650 E. C.**) Rabino y kabbalista que se mudó de Safed a Egipto. Era el hijo del legendario Shmuel Vital, editor de *Los escritos del Arí*. Aunque fue conocido por ser un brillante kabbalista, no dejó tras de sí ninguna obra.

VITAL, MOSHÉ BEN YOSEF - (**c. 1590 E. C.**) Hermano menor de Rav Jayim Vital, Moshé ben Yosef Vital era un rabino y kabbalista que asumió un papel importante en la comunidad kabbalística de Safed.

VITAL, SHMUEL BEN JAYIM - (**c. 1600 E. C.**) Famoso kabbalista, hijo de Jayim Vital, distinguido alumno del Arí, Shmuel ben Jayim Vital creció en Damasco, donde estudió con su célebre padre. Editó *Los escritos del Arí* de su padre y agregó muchos de sus propias anotaciones que comenzaban con *"Amar Shmuel"* ("Shmuel dijo"). Muchos kabbalistas llegaron a Damasco para estudiar sus escritos. Alrededor de 1665, Shmuel ben Jayim fue al Cairo, donde sirvió como rabino y estuvo en contacto cercano con el adinerado Rafael Yosef Jelebí. Un protocolo de su exorcismo de un espíritu malvado (*dibuk*) en Egipto fue publicado al final del *Shaar HaGuilgulim*, del Arí.

YITSJAK BEN SHMUEL DE ACRE - (**c. 1270 E. C.**) El Kabbalista Yitsjak ben Shmuel dejó Acre para ir a España, donde conoció a numerosos kabbalistas cuyos escritos citó. Fue significativo su encuentro con Moshé de León sobre la autoría del *Zóhar* por Rav Shimón bar Yojái. Su trabajo más importante, *Meirat Einayim*, es un comentario sobre el misticismo de Najmánides, quien, por tradición kabbalística, trajo el *Zóhar* de Israel a España. Otra de sus obras es *Ozar Jayim*, un diario místico de visiones y revelaciones. La mayoría de sus revelaciones vinieron mientras estaba en trance, y muchas otras visiones místicas se dijo que fueron reveladas a través de sus sueños.

YITSJAK BEN YAAKOV HACOHÉN - (c. 1260 E. C.)
Kabbalista español vinculado con Shem Tov ben Avraham ibn
Gaón. Es autor de libros sobre el proceso evolutivo y otro
importante material kabbalístico, y viajó extensivamente por
España y la Provenza recogiendo los conocimientos de la
Kabbalah de los kabbalistas ancianos, que documentó en
muchos de sus escritos. Parece que los kabbalistas españoles
eran plenamente conscientes de la existencia del *Zóhar*, escrito
por Rav Shimón bar Yojái, mucho antes de que fuera hecho
público por el santo Kabbalista Moshé ben Shem Tov de León
en Guadalajara en 1280.

YITSJAK EL CIEGO - (c. 1160 E. C.) Kabbalista e hijo de
Avraham ben David de Posquieres, el RABAD. Bajiá ben
Asher llamó a Yitsjak el Ciego el padre de la Kabbalah
española. Shem Tov ben Avraham ibn Gaón menciona que
Yitsjak el Ciego podía sentir si una persona iba a vivir o a
morir, y si su alma estaba entre las almas nuevas que han
venido a la tierra o ya había experimentado transmigraciones
(Recanati, *Perush LeTorá, Vayeshev y Qui Tetsé*). Recanati afirmó
también que Yitsjak había recibido la "revelación de Eliyahu".

VITAL, YOSEF - (c. 1500 E. C.) Talentoso escribano que
destacó especialmente por su mantener los más altos
estándares de *Cavanot* al escribir los *Tefilín*, y que fue
ampliamente conocido como Rav Tefilín Calabrash (Tefilín del
Rav de Calabria, de donde se originaba su familia). Los Tefilín
de Yosef Vital fueron muy elogiados por Rav Yitsjak Luria (el
Arí) que afirmaba que la mayor parte del mundo judío en aquel
momento recibía su alimento espiritual y la energía de sus

Tefilín. Sus *Tefilín* también fueron muy elogiados por Menajem Azariá de Fano. Era el padre del famoso kabbalista Rav Jayim Vital. El Arí le dijo una vez a Rav Jayim Vital que tendría un hijo que sería una encarnación de su padre, Yosef. Por lo tanto, era Shmuel Vital, hijo de Rav Jayim Vital, quien realmente preparó *Los escritos del Arí*, puesto que era en realidad su padre Yosef quien estaba haciendo la escritura.

YITSJAKI, AVRAHAM DAVID - (c. 1661-1729 E. C.)

Kabbalista nacido en Jerusalén, Avraham David Yitsjaki era el nieto del famoso kabbalista Yitsjak ben Mordejái Azulái. Estudió con Moshé ben Yonatán Galante y Yosef Bialer, abuelo de Jayim Yosef David Azulái, el JIDÁ. Es autor de la responsa *Zera Avraham*, y sirvió como Rabino Jefe de Jerusalén.

YOSEF BEN SHALOM ASHKENAZÍ - (c. 1300 E. C.)

Kabbalista español descendiente de Yehuda ben Shmuel HaJasid Ashkenazí y autor de un comentario sobre el *Séfer Yetsirá* que consideraba el *Zóhar* como una fuente de material kabbalístico. Rav Yitsjak Luria, valoró mucho sus conocimientos kabbalísticos y especialmente su conclusión de que debe haber una causa de todas las causas.

YOSEF JAYIM BEN ELIYAHU AL HAKAM - (c. 1830-1909 E. C.)

Rabino y kabbalista de Bagdad. Escribió unas 60 obras sobre todos los aspectos de la Torá y es más conocido por su colección *Ben Ish Jai*.

ZACUTO, MOSHÉ BEN MORDEJÁI - (c. 1620 E. C.)

Kabbalista nacido en Ámsterdam en el seno de una familia

marrano portuguesa, Moshé ben Mordejái Zacuto editó el *Zóhar Jadash* en 1658. Gozó de gran autoridad como cabeza de los kabbalistas italianos contemporáneos y se correspondió con kabbalistas de diversos lugares. Añadió muchas anotaciones bajo el nombre de KOL HAREMEZ, de sus iniciales.

ZAYÁ, YOSEF BEN AVRAHAM IBN - (c. 1500 E. C.) Rabino y kabbalista nacido en Jerusalén, Yosef ben Avraham ibn Zayá completó su *Even HaShoshán* en 1538. Luego pasó a servir como Rabino de Damasco, donde completó otras dos obras, *Zeror HaJayim* y *Shaarit Yosef*.

ZEMÁ, YAAKOV BEN JAYIM - (c. 1580 E. C.) Kabbalista y médico, Yaakov ben Jayim Zemá era un miembro de una familia conversa del Norte de Portugal. Finalmente viajó a Safed, donde aprendió Kabbalah. Alrededor de 1628 se fue a Damasco y estudió el sistema luriánico con Shmuel Vital. Más tarde, cuando se instaló en Jerusalén, se convirtió en uno de los principales kabbalistas allí. Sus obras incluyen *Zóhar HaRakia*, un comentario sobre la *Safrá Detsniutá* del *Zóhar*, el *Idrá Léjem min HaShamáyim*, una recopilación de costumbres luriánicas, *Zemá Tsadik* y *Col Baramá*.

REFERENCIAS

1   Matán Torá, R. Yehuda Áshlag, Centro de Investigación de Kabbalah, 1982 p. 32
2   Zóhar, Pinjás 10:59
3   Éxodo 20:5
4   Ibídem, 20:5
5   Los escritos del Arí, La Puerta de las Reencarnaciones, p. 13
6   Isaías 6:7
7   Zóhar, Terumá 50:555
8   Isaías 41:20
9   Berg, Kabbalah for the Layman (Iniciación a la Kabbalah), Vol. I, p. 112, 125.
10   Ibídem, p. 13.
11   The Kirlian Reporter (El reportero Kirlian), p. 9
12   Oshtrand y Schroder, Behind the Iron Curtain (Tras la cortina de hierro).
13   Rhine, J.B., Reach of Mind, 1947.
14   Las Diez Emanaciones Luminosas, Vol. II, Berg RCK, p. 119
15   Éxodo 20:5
16   Ibídem, 20:4, 5.
17   Los escritos del Arí, La Puerta de las Reencarnaciones, p.32.
18   Los escritos del Arí, La Puerta de las Reencarnaciones, p. 58.
19   Ibídem, p. 59.

20   Ibídem, p.186.

21   Kabbalah for the Layman (Iniciación a la Kabbalah),
      Vol. I, Berg, p. 81

22   Los escritos del Arí, La Puerta de las Reencarnaciones,
      p. 186-187

23   Éxodo 21:1

24   Zóhar, Mishpatim 1:2

25   Éxodo 35:1

26   Ibídem, 12:37

27   Zóhar, Bereshit B 63:358, Los escritos del Arí, La Puerta
      de las Reencarnaciones, p. 83, 28 Zóhar, Vayejí 20:172

29   Los escritos del Arí, La Puerta de las Reencarnaciones,
      p. 35b

30   Ibídem, p.35a.

31   Ibídem, p.123.

32   Ibídem p.125.

33   Las Diez Emanaciones Luminosas, Vol. I, p.64.

34   Zóhar, Bereshit B 64:368-369

35   Los escritos del Arí, La Puerta de las Reencarnaciones,
      p. 35

36   Ibídem, p. 32-33

37   Zóhar, Mishpatim 3:52

38   Los escritos del Arí, La Puerta de las Reencarnaciones
      p. 9

39   Lukutei Torá, Kitvéi HaArí, Centro de Investigación de
      Kabbalah, 1970, p. 152.

40   Éxodo 21:13

41   Lukutei Torá, Kitvéi Arí, Centro de Investigación de
      Kabbalah, 1970, p. 152.

42   Tratado Sanedrín, Talmud Bavli

43 Zóhar, Qui Tetsé 1:11
44 Zóhar, Pinjás 39:209
45 Zóhar, Vayejí 20:172
46 Zóhar, Vayikrá 46:324
47 Zóhar, Mishpatim 3:93
48 Zóhar, Prólogo 6:37
49 Génesis 11:27
50 Génesis 25:22-24
51 Kabbalah for the Layman (Iniciación a la Kabbalah), vol. I, Berg p. 93.
52 Ibídem, p. 88-92
53 Kabbalah for the Layman (Iniciación a la Kabbalah), vol. I, Berg, p. 93
54 La conexión kabbalística, Berg p. 151-154.
55 Kabbalah for the Layman (Iniciación a la Kabbalah), vol. I, Berg p. 19.
56 Kabbalah for the Layman (Iniciación a la Kabbalah), vol. I, Berg p. 101-104
57 Deuteronomio 15:10, Shuljan Aruj, Leyes de la caridad, Biur HaGrá, 247a;
58 Eclesiastés 11:1
59 Levítico 19:18
60 Los escritos del Arí, La Puerta de las Reencarnaciones
61 Zóhar Jadash, Cantar de los cantares 57:480
62 Zóhar Jadash, Cantar de los cantares 57:484
63 Cantar de los cantares 1:7
64 Zóhar Jadash, Cantar de los cantares 57:485-486
65 Zóhar Jadash, Cantar de los cantares 57:487
66 Cantar de los cantares 1:8
67 Zóhar Jadash, Cantar de los cantares 57:487

68 Números, 20:8-11
69 Talmud, Avot, 2:5.
70 Las Diez Emanaciones Luminosas, Vol. I, p. 32.
71 Zóhar, Lej Lejá 33:346
72 Los escritos del Arí, La Puerta de las Reencarnaciones, p. 37.
73 Eclesiastés 1:9
74 Zóhar, Lej Lejá 33:348
75 Escritos del Arí, La Puerta de las Reencarnaciones, p.32.
76 Zóhar, Mishpatim 3:222
77 Éxodo 21:3
78 Zóhar, Terumá 85:818
79 Deuteronomio 24:1
80 Zóhar, Vayakehel 14:195-197
81 Los escritos del Arí, La Puerta de las Reencarnaciones, p. 83
82 Génesis 1:28
83 Ibídem, 3:20
84 Zóhar, Terumá 16:194
85 Génesis 21:2-3
86 Ibídem, 24:60
87 Ibídem, 30:1
88 Salmos 128:3
89 Zóhar, Behaalotjá 12:58
90 Génesis 38:13-18, Ibid. 19:31-36
91 Shnéi Lujot HaBrit, Horovitz
92 Génesis 1:6
93 Zóhar, Vayikrá 22:134 – 142
95 Zóhar, Mishpatim 1:1
96 Los escritos del Arí, La Puerta de las Reencarnaciones, p. 54

97   Kabbalah for the Layman (Iniciación a la Kabbalah),
     vol. I, Berg, p. 86-88

98   Zóhar, Vayikrá 22:136

99   Zóhar, Shemot 13:75

100 Shulján Aruj, Óraj Jayim, ch. 143

101 Génesis 11:1

102 Zóhar, Nóaj 384-387

103 Génesis 11:7-9

104 Zóhar, Terumá 467 – 469

105 Zóhar, Bereshit A 51:472

106 Génesis 5:1

107 Ibídem, 5:22;

108 Salmos 25:14

109 Zóhar, Vayikrá 22:141

110 Plato, Timaeus

111 Génesis 9:21

112 Números 12:7

113 Ezequiel 36:27

114 Zóhar, Nóaj 43:343

115 Sofonías 3:9

116 Zóhar, Vayerá 32:457 - 460

117 Zóhar, Nasó 6:91

118 Salmos 104:24-26

119 Zóhar, Vayikrá 22:144-145

120 Talmud, Avot, p. 4:14; Tratados Ber, 53b; Sanedrín
     p. 20b

121 Tratado Sanedrín, p. 97a

122 Zóhar, Shemot 15:96-97

123 Salmos 46: 1-2

124 Talmud, Tratado Shabat

125   Génesis 19:1
126   Zóhar, Vayerá 18:228
127   Zóhar, Vayerá 16:211
128   Zóhar, Vayerá 18:225-226
129   Génesis 23:17-18
130   Zóhar, Jayéi Sará 14:88-89
131   Zóhar, Jayéi Sará 16:107-110
132   Génesis 23:20
133   Zóhar, Ajaréi Mot 14:95
134   Kabbalah for the Layman (Iniciación a la Kabbalah),
      vol. I, Berg, p. 107,108.
135   Zóhar, Tazría 6:22, 24
136   Los escritos del Arí, La Puerta de las Reencarnaciones,
      pp. 136-150.
137   Zóhar, Tazría 6:24
138   Oseas 14:10
139   Deuteronomio 24:1-2
140   Zóhar, Mishpatim 3:159-162
141   Zóhar, Mishpatim 3:139--149
142   Los escritos del Arí, La Puerta de las Reencarnaciones,
      p.8
143   Samuel II, 12:13
144   Zóhar, Nóaj 30:314-317
145   Éxodo 20:14
146   Salmos 51:4
147   Ibídem, 51:4
148   Samuel II, 12:24
149   Samuel II, 11:24
150   Zóhar, Mishpatim 3:238-242
151   Los escritos del Arí, La Puerta de las Reencarnaciones,
      p. 53

152 Ibídem.
153 Zóhar, Bereshit A 41:395-397
154 Ibídem.
155 La conexión kabbalística, Berg, p. 107
156 Séfer Yetsirá, Jerusalem Ed, 1962, R. Mordechai Atiyah, p. 119
157 Ibídem, p. 116
158 Los escritos del Arí, La Puerta de las Reencarnaciones, p.33
159 Zóhar, Vaerá 3:35-37
160 Kabbalah for the Layman (Iniciación a la Kabbalah), Vol. 1, Berg, p. 88
161 Ibídem, p. 177
162 Ibídem, p. 101-103

Más libros que pueden ayudarte a incorporar la sabiduría de la Kabbalah a tu vida

La Educación de un Kabbalista
Por Rav Berg

En estas memorias, Rav Berg expone el profundo vínculo entre maestro y estudiante, ilustrando un hermoso retrato de uno de los más grandes Kabbalistas de nuestra era: Rav Yehuda Tzvi Brandwein. Ambientado en Israel durante los turbulentos días anteriores y posteriores a la Guerra de los Seis Días, este libro recuenta el desarrollo de la relación especial entre Rav Berg y Rav Brandwein, y comparte las enseñanzas provenientes de dicha relación. En estas páginas percibimos la pasión de estos Kabbalistas por llevar la sabiduría ancestral de la Kabbalah al mundo contemporáneo. Este es el viaje espiritual que resultó en la transferencia del liderazgo del Centro de Kabbalah de parte de Rav Brandwein a manos de Rav Berg.

Nano: Tecnología de la mente sobre la materia
Por Rav Berg

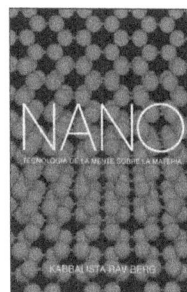

Kabbalah es todo acerca de obtener el control sobre el mundo físico, incluyendo nuestra vida personal, en el nivel más fundamental de la realidad. Se trata de alcanzar y extender el poder de mente sobre materia y desarrollar la habilidad de crear plenitud, alegría, y felicidad al controlar todo al nivel más básico de existencia. De esta manera, Kabbalah es anterior y presagia la tendencia más apasionante en los desarrollos científicos y tecnológicos más recientes, la aplicación de la nanotecnología a todas las áreas de la vida para crear resultados mejores, más fuertes, y más eficientes. En Nano, el Rav desmitifica la conexión que hay entre la antigua sabiduría de la Kabbalah y el pensamiento científico actual, y muestra como la unión de ambos pondrá fin al caos en un futuro previsible.

Encontrar la Luz a través de la oscuridad: Lecciones inspiradoras basadas en la Biblia y en el Zóhar
Por Karen Berg

Encontrar la Luz a través de la oscuridad invita al lector a realizar un viaje transformador. Estos ensayos inspiradores basados en la Biblia y el *Zóhar* nos ayudan a entender las lecciones que nuestra alma escogió vivir, ver las dificultades como oportunidad para cambiar y darnos cuenta de que todo forma parte del plan divino de Dios. Sólo entonces podemos encontrar dicha en el crecimiento espiritual. Al portar la antorcha de los maestros de la Kabbalah, Karen Berg, Directora Espiritual del Centro de Kabbalah, nos recuerda que la Luz no se revela a través de la Luz, se revela a través de la oscuridad. Con esta conciencia, despertamos para ver de qué se trata la vida en realidad, qué vinimos a ser y qué queremos hacer verdaderamente.

Los Secretos del Zóhar: Relatos y meditaciones para despertar el corazón
Por Michael Berg

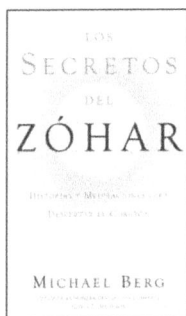

Los Secretos del *Zóhar* son los secretos de la Biblia, trasmitidos como tradición oral y luego recopilados como un texto sagrado que permaneció oculto durante miles de años. Estos secretos nunca han sido revelados como en estas páginas, en las cuales se descifran los códigos ocultos tras las mejores historias de los antiguos sabios, y se ofrece una meditación especial para cada uno de ellos. En este libro, se presentan porciones enteras del *Zóhar* en su arameo original y su traducción al español en columnas contiguas. Esto te permite escanear y leer el texto en alto para poder extraer toda la energía del *Zóhar*, y alcanzar la transformación espiritual. ¡Abre este libro y tu corazón a la Luz del *Zóhar*!

Ser como Dios
Por Michael Berg

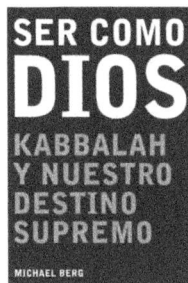

Ser como Dios ofrece una perspectiva kabbalística para convertirnos en seres completamente poderosos. Escrito con extraordinaria claridad, Michael Berg presenta un método lógico para alcanzar nuestro derecho supremo de nacimiento. Al revelar esta oportunidad a la humanidad, Michael enfatiza maneras para desarrollar nuestros atributos divinos y para minimizar el aspecto de nuestra naturaleza (nuestro ego) que interfiere con nuestro destino. Con su típico estilo conciso, Michael nos entrega la respuesta a la pregunta eterna acerca de por qué estamos aquí: para ser como Dios.

El Zóhar

El Zóhar, la fuente principal de la Kabbalah, fue escrito hace 2000 años por Rav Shimón bar Yojái mientras se escondía de los romanos en una cueva en Pekiín, Israel, por 13 años. Luego fue sacado a la luz por Rav Moshé de León en España y posteriormente revelado a través de los kabbalistas de Safed y el sistema lurianico de la Kabbalah.

Los programas del Centro de Kabbalah han sido instaurados para proporcionar oportunidades para el aprendizaje, la enseñanza, la investigación y la demostración de conocimiento especializado a partir de la sabiduría eterna del Zóhar y los sabios kabbalistas. Oculto de las masas por mucho tiempo, hoy en día el conocimiento del Zóhar y la Kabbalah deben ser compartidos por todos aquellos que buscan entender el significado más profundo de esta herencia espiritual y del significado de la vida. La ciencia moderna apenas está empezando a descubrir lo que nuestros sabios tenían cubierto con simbolismo. Este conocimiento es de naturaleza práctica y puede ser aplicado diariamente para el mejoramiento de nuestra vida y la vida de la humanidad.

La oscuridad no puede existir en presencia de la Luz. Hasta una habitación oscura es afectada por la luz de una vela. Mientras compartimos este momento juntos, comenzamos a presenciar una revolución de iluminación en la gente y, de hecho, algunos de nosotros ya estamos participando en ella. Las nubes oscuras de conflicto y disputa se harán sentir sólo mientras la Luz Eterna permanezca oculta.

El Zóhar es ahora un instrumento para infundir al cosmos con la Fuerza de Luz del Creador revelada. El Zóhar no es un libro sobre religión, el Zóhar hace referencia a la relación entre las fuerzas invisibles del cosmos, la Fuerza de Luz y su influencia en la humanidad.

El Zóhar promete que con la entrada de la Era de Acuario el cosmos será de fácil acceso para el entendimiento humano. El Zóhar dice que en los días del Mesías "no habrá necesidad de decirle a nuestro semejante, 'Enséñame sabiduría'" (Zóhar Nasó, 9:65). "Y no enseñará más ninguno a su prójimo, ni ninguno a su hermano, diciendo: 'Conoce al Eterno'; porque todos Me conocerán, desde el más pequeño de ellos hasta el más grande" (Jeremías 31:34).

Podemos recuperar el dominio de nuestra vida y nuestro entorno. Para lograr este objetivo, el Zóhar nos da una oportunidad para superar el aplastante peso de la negatividad universal.

Estudiar el Zóhar diariamente, sin intentar entenderlo o traducirlo, llenará de Luz nuestra conciencia, mejorando así nuestro bienestar e influirá de actitudes positivas todo lo que nos rodea. Incluso recorrer visualmente el Zóhar, aunque se desconozca el alfabeto hebreo, tendrá los mismos resultados.

La conexión que creamos mediante recorrer visualmente el Zóhar es la de unidad con la Luz del Creador. Las letras, aunque no sepamos hebreo o arameo, son los canales a través de los cuales se realiza la conexión; puede compararse con marcar el número de teléfono o introducir los códigos para iniciar un programa de computadora. La conexión se logra en el nivel metafísico de nuestro ser y se extiende hasta nuestro plano físico de existencia. Pero primero está el prerrequisito del "arreglo" metafísico. Tenemos que permitir conscientemente que, a través de acciones y pensamientos positivos, el inmenso poder del Zóhar irradie amor, armonía y paz a nuestra vida para que compartamos eso con toda la humanidad y el universo.

En los años que vienen, el Zóhar continuará siendo un libro para la humanidad, tocará el corazón y la mente de aquellos que anhelan la paz, la verdad y el alivio del sufrimiento. Ante las crisis y catástrofes, el Zóhar tiene la capacidad de aliviar las aflicciones de agonía humana mediante la restauración de la relación de cada individuo con la Fuerza de Luz del Creador.

—Rav Berg, 1984

Los Centros de Kabbalah

La Kabbalah es el significado más profundo y oculto de la Torá o la Biblia. A través del gran conocimiento y las prácticas místicas de la Kabbalah se pueden alcanzar los más altos niveles espirituales posibles. Aunque mucha gente confía en sus creencias, fe y dogmas para buscar el significado de la vida, los kabbalistas buscan una conexión espiritual con el Creador y las fuerzas del Creador, así lo extraño se vuelve conocido y la fe se convierte en conocimiento.

A lo largo de la historia, aquellos que conocieron y practicaron la Kabbalah fueron muy cuidadosos con respecto a la diseminación del conocimiento porque sabían que las masas no estaban preparadas aún para la gran verdad de la existencia. Hoy en día los kabbalistas saben que no sólo es adecuado sino también necesario hacer que la Kabbalah esté disponible para todo aquel que la busque.

El Centro de Kabbalah es un instituto independiente, sin fines de lucro, fundado en Israel en 1922. El Centro provee investigación, información y ayuda a quienes buscan las enseñanzas de la Kabbalah. El Centro ofrece charlas públicas, clases, seminarios y excursiones a lugares místicos en los centros de Israel y Estados Unidos. Se han abierto centros y grupos de estudio en México, Montreal, Toronto, París, Hong Kong y Taiwán.

Nuestros cursos y materiales tratan sobre los conocimientos zoháricos de cada porción semanal de la Torá. Cada aspecto de la vida es estudiado y otras dimensiones, desconocidas hasta ahora, proveen una conexión más profunda con una realidad superior. Los tres cursos principales para principiantes abarcan temas como: tiempo, espacio y movimiento; reencarnación, matrimonio y divorcio; meditación kabbalística; la limitación de los cinco sentidos; ilusión y realidad; las cuatro fases; hombre y mujer, muerte, dormir y sueños; la alimentación; y Shabat.

Miles de personas se han beneficiado de las actividades del Centro, las publicaciones de material kabbalístico del Centro siguen siendo las más completas de su tipo en el mundo, incluyendo las traducciones al inglés, hebreo, ruso, alemán, portugués, francés, español y persa.

La Kabbalah puede darnos el verdadero significado de nuestro ser y el conocimiento necesario para nuestro máximo beneficio. Además, puede mostrarnos que la espiritualidad va más allá de la fe. El Centro de Kabbalah continuará haciendo que la Kabbalah esté a la disposición de todo aquel que la busque.

—Rav Berg, 1984

Información de Contacto de Centros y Grupos de Estudio

ARGENTINA:

Buenos Aires
Echeverría 2758, Belgrano
Teléfono: +54 11 4771-1432 /
+549 11 4409 3120
kcargentina@kabbalah.ar
Instagram: kabbalaharg

ESPAÑA:

Madrid
Calle Martínez Izquierdo, 16-18,
local 1C
Teléfono: +34 683 580 163
spain@kabbalah.com
Instagram: kcespana
Facebook: KabbalahCentreSpain

Barcelona
Teléfono: +34 683 580 163
miriam.agullo.vol@kabbalah.com
Instagram: kcespana
Facebook: KabbalahCentreSpain

COLOMBIA:

Bogotá
Calle 93B # 11ª-84 Centro de
Diseño Portobello
Parque de la 93
Cel: 3243135502 ó 3232903166
kccolombia@kabbalah.com
Instagram: kabbalahcolombia

Cali
Cra. 102 # 13ª-61 Local 3
Ciudad Jardín
Cel: 3243135502 ó 3178436947
kccolombia@kabbalah.com
Instagram: kabbalahcolombia

Medellin
Calle 5 # 45-32
Patio Bonito
Cel: 3243135502 ó 3136241792
kccolombia@kabbalah.com
Instagram: kabbalahcolombia

MÉXICO:

Estado de México
Centro de Kabbalah Tecamachalco
Av. de las Fuentes 218,
Lomas de Tecamachalco
Teléfono: +52 55 5280 0511
apoyo@kabbalah.com
Instagram: kabbalahmx

Ciudad de Mexico
Centro de Kabbalah Altavista
Puerta Altavista
Av. Desierto de los Leones 24,
San Ángel
Teléfono: +52 55 5280 0511
apoyo@kabbalah.com
Instagram: kabbalahmx

Mérida, Yucatán
Av. Andrés García Lavín 350,
Local 12, Plaza Victory Platz
Montebello
Teléfono: +52 999 5183720
WhatsApp +52 999 2185176
merida@kabbalah.com
Instagram: kabbalahmx

PANAMÁ:

Ciudad de Panamá
The towers business plaza, local 2,
Calle 50.
Teléfono: +507 694 93974
administracion.panama@kabbalah.com
Instagram: kabbalahpanama

PARAGUAY:

Asunción
Charles de Gaulle 1892 y Quesada;
Edificio San Bernardo, primer piso.
Teléfono: +595 976 420072
kcparaguay@gmail.com
Instagram: kabbalahpy

VENEZUELA:

Caracas
Av. 10, Quinta 10;
Urb. Altamira, Edo. Miranda.
Teléfono: +58 414 205 7205
caracastkc@kabbalah.com
Instagram: kabbalahve

Maracay
Centro comercial las Américas
Local P.B. 16 –
Las Delicias, Edo. Aragua
Teléfono: +58 414 205 7205
caracastkc@kabbalah.com
Instagram: kabbalahve

CENTROS EN EUA:

Boca Ratón, FL +1 561 488 8826
Miami, FL +1 305 692 9223
Los Ángeles, CA +1 310 657 5404
Nueva York, NY +1 212 644 0025

CENTROS INTERNACIONALES:

Londres, Inglaterra +44 207 499 4974
Berlin, Alemania +49 30 78713580
Toronto, Canadá +1 416 631 9395
Tel Aviv, Israel +972 3 5266 800

RAV BERG nació el 20 de agosto de 1927 en Nueva York, EE. UU. Tras muchos años de estudio religioso tradicional, fue ordenado como rabino en Torah VaDaat. Fue un hombre de negocios que quería hacer una diferencia en este mundo y siempre estaba en la búsqueda de su camino verdadero. Luego de tener la oportunidad de conocer a Rav Yehuda Brandwein, Rav Berg supo que había encontrado a su maestro, y se mudó a Israel para estudiar con Rav Brandwein en el Centro de Kabbalah. Después de regresar a Nueva York, Rav Berg se mantuvo en contacto por medio de cartas con Rav Brandwein, quien le confirió su legado como director del Centro de Kabbalah.

Rav Berg se fijó la misión de continuar editando, escribiendo, imprimiendo y distribuyendo todo lo que aprendió de su maestro, y comenzó a compartir los secretos de los textos kabbalísticos que históricamente habían sido reservados para eruditos. Su libro Iniciación a la Kabbalah fue el paso revolucionario que hizo que la Kabbalah estuviese al acceso de todos. Otros libros de Rav Berg son: La conexión kabbalística, Ruedas del alma: la reencarnación y la Kabbalah, El poder del uno, La energía de las letras hebreas, Inmortalidad, Nano, The Kabbalah Method (El método kabbalístico, sólo en inglés), Taming Chaos (Dominar el caos, sólo en inglés) y Educación de un kabbalista.

Junto a su esposa Karen, Rav Berg abrió las puertas del Centro de Kabbalah a todo aquel que desee aprender esta sabiduría universal. Rav Berg partió de este mundo en septiembre de 2013 y Karen Berg lo hizo en Julio de 2020. Luego de la partida de ambos su hijo Michael Berg continúa su visión y su trabajo como Director del Centro de Kabbalah.